KB155394

찾으면 보이는
매장 입지의 정석

−통신매장, 편의점 점포개발 담당자의 진솔한 경험담−

김득운 지음

서울경제경영

들어가며

한 번 맞춰 보세요?

사거리 코너마다 대부분 자리 잡고 있으며, 버스정류장, 지하철역 주변 그리고 횡단보도 앞 어디에서도 쉽게 찾아 볼 수 있는 매장이 있습니다.

대부분의 사람들은 하루에 한 번 이상 이 매장을 이용하거나 지나 다닙니다.

그리고 1년에 한 번 또는 2년에 한 번 이 곳을 이용하여 새 제품으로 교환해 갑니다.

어떤 업종일까요?

맞습니다.

바로, 휴대폰 매장과 편의점입니다.

저는 2004년부터 2016년 현재까지 편의점과 휴대폰 매장 개설 업무를 하고 있습니다.

여러 소매 업종마다 각각의 특색이 있겠지만, 우리나라 핵심상권내 메인 동선을 대부분 독차지하고 있는 편의점(편의품)과 통신매장(선매품)은 업종의 특성상 다양한 요인들이 상호 작용하여 판매실적에 영향을 주고 있습니다.

예컨대, 주변 상권의 유동량, 객층 그리고 배후세대, 프로모션, 판매직원의 성향, 경쟁업체간 경합 등을 정확하게 파악하지 않고서는 안정적인 매출을 기대하기는 어렵습니다. 다행히, 요즘은 통계학적 수치를 객관화한 빅데이타 이론이 발달하여 좀 더 쉽게, 매장 출점에 대한 근거자료를 수집하는데 용이해 졌습니다. 그렇다고 100% 성공할 수 있다는 보장은 없습니다.

나의 매장, 나의 가게를 오픈하고 운영하는데는 자기 자신만의 기준과 원칙이 무엇보다고 필요합니다. 하지만, 우수한 매장을 출점하는데는 이외에도 객관적인 몇 가지의 기준들이 필요합니다.

저는 10년 넘게 매장개설을 하면서, 실패한 매장도 있었고, 성공한 매장도 있었습니다.

나름대로의 노하우(know how)가 쌓이다 보니, 저와 같은 매장 개설 담당을 하고 있는 후배들과 창업을 준비하고 계시는 예비 경영주님께 객관적인 기준과 정보를 공유해야 겠다는 생각에 부족하지만, 첫 번째 펜을 들게 되었습니다.

이 책은 통신매장 개설 담당자와 판매점 사장님들에게 큰 도움이 될 것입니다.

그리고, 프렌차이즈 본사 매장개설 담당자와 창업을 계획하고 계시는 예비 경영주님들에게도 기본적인 안내서가 되어 드릴 것입니다.

초기 매장개설에 필요한 여러 준비 과정들을 재미있게 풀어나가도록 하겠습니다.

한국이동통신서비스가 카폰이라는 차량전화 서비스로 이동통신 서비스를 제공한 것을 시작으로 우리나라가 이동통신이라는 분야에 첫 발을 내디딘 지도 벌써 30년이 넘었습니다.

휴대폰이 부의 상징으로 여겨졌던 과거와는 달리, 현대사회에서 휴대폰은 사회, 경제, 문화 등 대부분의 실생활에 없어서는 안 될 필수품이 되었습니다. 또한 우리나라는 눈부신 발전을 거듭해 세계 최고의 기술과 품질을 자랑하는 정보화 선진국으로 그 위상을 높이고 있으며, 스마트폰 보급률 전세계 1위(67.5%)라는 놀라운 기록뿐 아니라, 이동통신 서비스 가입자 수가 인구 수를 뛰어넘는 (현재 우리나라의 이동통신 서비스 가입자는 5500만 명에 달한다) 대기록도 세우게 되었습니다.

그러나 현재 이동통신 업체들은 과열경쟁에 휩싸여 상생과 협력 없이 불법 보조금 지원으로 가입자 수 확대에 의존하는 방식을 취하고 있는 상태이며 이로 인해 새로운 성장동력을 창출하기는 점점 어려운 상태가 되어가고 있습니다. 특히 2014년 10월부터 실행된 단통법(이동통신 단말장치 유통구조 개선에 관한 법률의 준말)의 영향으로 많은 소매점들이 휴대폰 판매에 더욱 어려움을 겪고 있는 상황입니다. 이런 소매 시장의 긴축과 불황은 이동통신 업체들의 판매량을 감소시키며 과열 경쟁을 부추기는 악순환을 발생시키고 있습니다.

따라서 이런 상황의 해결책 중 하나는 체계화된 소매 매장 활성화 방안을 세움으로써 이동통신 업체간 과열 경쟁을 억제하는 것이라 할 수 있습니다. 나아가 과열 경쟁이 억제된다면, 자연스레 R&D 비용 및 시설 투자 비용이 늘어남으로 인해 이동통신 시장의 발전에도 크게 기여할 수 있게 될 것입니다.

그러나 현재 우리나라에선 이동통신 서비스 및 휴대폰 단말기의 품질 향상에 대한 연구 및 불법 보조금 규제방침에 대한 논의는 계속되고 있지만, 소매 유통 활성화를 위한 최적의 통신매장 입지선정 및 판매성과에 대한 연구는 미흡한 실정입니다.

이에 따라 저는 조금이나마 이동통신 산업의 유통 경쟁력 강화 및 소매 매장 활성화에 기여하고자 이 책을 쓰게 되었습니다. 이 책은 소매 매장의 특성 및 입지분석, 매장 개설에 대한 객관적이고 신뢰할 수 있는 정보를 제공하고 있습니다. 또한 신규 소매 매장의 판매성과에 영향을 미치는 결정 요인 및 우수한 매장을 개설하기 위한 기준안을 제시하고자 했습니다.

아무쪼록 이 책을 통해 다양한 소매 유통망에 대한 질적인 개선과 모든 현장실무 담당자들의 매장개설에 대한 이해와 지식의 기틀이 마련되었으면 하는 바람을 가져봅니다.

감사합니다.

차례

2 / 유형별 상권 ———————————————— 33

1

이론으로 보는 상권과 입지

1

상권

(1) 상권이란 무엇인가

상권에 대한 사전적 의미를 보면, 상권[1](marketing area, 商圈)이란 **'상업지구 또는 상점이 고객을 유인할 수 있는 지역'**을 뜻한다고 적혀 있습니다. 이를 쉽게 풀어보면 상권이란 소비자가 살고 있는 지리적 지역의 넓이를 의미한다고 볼 수 있습니다. 보통 상권은 그 상업시설이 제공하는 상품의 종류, 상품의 가격, 배송, 기타 서비스, 입지조건, 교통편 등에 의해 규정됩니다. 이전에는 상권이 지리적 인접지역으로 한정되었으나, 교통시설의 발달과 배송 서비스의 발전, 대형 슈퍼마켓과 백화점의 진출로 인해 상권은 점차 넓어지고 있습니다. 즉, 상권은 하나의 매장이 고객을 흡수할 수 있는 공간적인 범위를 뜻함과 동시에 실질적인 구매 능력이 있는 소비자의 분포 공간을 의미합니다. 점포경영에 있어서 상권을 효율적으로 확대하는 것은 중요한 과제 중 하나입니다.

성공적인 상권 구축을 위해서는 반드시 고객 분석이 필요합니다. 상권은 물품을 구매하는 고객의 행동심리와 소비 동기에 의해 정해지게

---

1 매스컴대사전, 한국언론연구원(현 한국언론진흥재단)

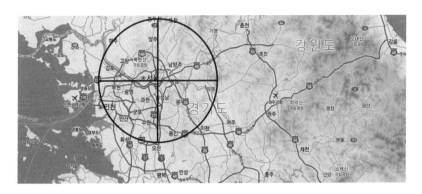

그림 1.1 서울 수도권 지도

되기 때문입니다. 결국 상권분석의 궁극적인 목적은 물건을 구매하는 고객의 소비 욕구를 발생시키는 것에 있다고 해도 과언이 아닙니다.

이와 같은 내용을 토대로 상권을 단계별로 구분하는 방법이 있습니다. 매출액을 기준으로 하여 점포 전체 매출액의 70%를 점하는 지역을 1차 상권, 15%를 2차 상권, 나머지를 3차 상권으로 분류하는 방법입니다. 업체에 따라서는 상권단계를 60~65%, 30%, 5~10% 순으로 상권단계를 나누기도 합니다.

광고 등의 판매촉진 마케팅 전략을 수립하는 경우에는 상권을 분할하여 대응하는 것이 매우 효과적입니다. 또한 경영전략도 역시 상권의 단계별 속성을 충분히 파악하여 대응하여야 합니다.

표 1.1 상권 구분

구분	내용	비고
1차상권	총매출의 70%를 차지하는 지역 또는 고객의 내점 빈도가 주 2회인 지역	도보 10분 1.5 km이내
2차상권	총매출의 15%를 차지하는 지역 또는 고객의 내점 빈도가 주 1회인 지역	도보 20분 4 km이내
3차상권	2차상권 밖에서 가끔 내점하는 고객의 범위	

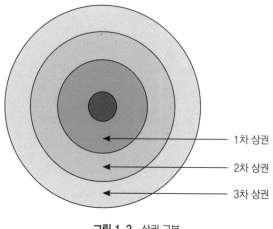

그림 1.2 상권 구분

(2) 상권의 크기를 결정하는 소비재

① 편의품(convenience goods, 便宜品)

편의품은 구매 빈도가 높고 구매비용이 저렴한 상품들입니다. 식료품이 대표적인 예이며. 보통 근거리에서 소비가 이뤄지게 됩니다. 예를 들어 어떤 자취생이 편의점에서 김밥과 우유를 구매한다면, 인근 500 m 이내 또는 도보 10분 이내의 소매점을 이용하는 것이 일반적일 것입니다.

> **TIP**   **소비재란?**
>
> 상권의 크기는 상점이 파는 물건에 따라 변하기도 합니다. 예를 들어 과자는 아주 가까운 범위의 고객만 구입하러 올 확률이 높지만, 가전 제품 같은 경우에는 지리적 요건이 멀어도 가격만 저렴하다면 얼마든지 구매가능성이 높아질 수 있습니다. 이와 같이 상권의 크기를 결정하는 제품을 '소비재'라고 부릅니다. 소비재는 크게 편의품, 선매품, 전문품으로 분류할 수 있습니다.

4

식료품 외에 일용잡화(면도기, 샴푸, 화장지 등등)와 같은 생활필수품의 경우에도 구매거리가 짧고 편리한 장소를 찾게 됩니다. 화장지 한 묶음을 50% 할인한다고 강남에서 강북으로 지하철을 타고 가는 사람은 없을 것입니다.

이외에도 편의품은 긴급한 상황에서 가격에 구애 받지 않고 구매할 수밖에 없는 긴급상품과 시장노출과 포장에 따라 충동적으로 구매하게 되는 충동상품으로 세분화 될 수도 있습니다.

편의품을 파는 대부분의 소매점(편의점, 약국, 분식집 등)은 편의품에 특성에 따라 주택에 근접된 입지를 취하는 경우가 많고 대부분 소규모의 상권을 갖게 됩니다.

② 선매품(shopping goods, 選買品)

선매품은 한 번의 소비로 없어지는 제품이 아닌, 한 번 사게 되면 오랫동안 쓰게 되는 다소 비싼 가격대를 형성하고 있는 제품을 말합니다. 대표적으로 가전제품이 있으며 휴대폰 단말기 또한 대표적인 선매품에 속합니다.

보통 가격이 비싸고 구매횟수가 적기에 품질, 형태 등에 대해 여러 가지로 생각하게 되는 제품입니다. 이에 따라 구매를 계획하고 실행하는 데 편의품보다 더 많은 시간과 노력을 소비하게 되며 여러 제품을 비교하여 최종적으로 결정하는 모습을 보입니다.

선매품을 취급하는 소매점포는 편의품보다는 좀 더 인구의 유동성이 높은 지역의 소매 중심지나 상점가에 입지하게 되며 편의품보다 넓은 범위의 상권을 갖게 됩니다. 또한 선매품은 제품을 취급하는 전문 상점들이 서로 인접해 하나의 상가를 형성하며 발전하는 경우도 있습니다. (ex-용산 전자상가)

그러나 최근 휴대폰 매장은 편의품과 같이 주택가 상권 내에 오픈하는 경향이 있습니다. 동종업체 간 경쟁심화로 인해 상권의 범위가 좁아지고 있는 것입니다. 따라서 휴대폰 매장은 상권분석을 보다 철저히 해야 합니다.

③ 전문품(specialty goods, 專門品)

전문품은 제품 별로 독특한 특징을 갖고 있으며 브랜드화 되어 있는 제품을 말합니다. 보통 소비자가 상표 또는 점포의 신용과 명성에 따라 구매하려는 경향이 강합니다.

소위 명품이라고 불리는 제품이 대부분 전문품에 해당하며, 경우에 따라서는 전자제품일지라 하더라도 브랜드에 따라 구매하려는 경향이 강한 제품들은 전문품으로 분류하기도 합니다. 자동차, 피아노, 고가품의 의류, 가방, 시계 등등이 전문품에 속합니다.

전문품은 가격이 가장 비싸고 구매횟수도 가장 적기에 많은 수의 판매점을 지닐 수 없습니다. 그러나 마진이 높고, 소비자들의 구매 행동 범위가 높아서 상권이 가장 넓은 소비재에 속합니다.

TIP   **소비재만으로 상권을 결정하면 안 되는 이유**

상권을 검토하는 경우 식료품은 편의품, 휴대폰 단말기 및 의류는 선매품으로 단순하게 분류하는 것은 바람직하지 않습니다. 동일 업종에 있어서도 점포의 규모나 품목 구성 등에 따라서 좁은 상권을 가질 수도 있고 넓은 상권을 가질 수도 있기 때문입니다. 예를 들면 같은 음식점이지만 분식점의 상권에 비해 스테이크 전문점 같은 레스토랑은 상권의 범위가 훨씬 더 넓습니다. 또한 같은 편의품을 취급하더라도 대형 슈퍼마켓과 조그마한 골목가게의 상권은 다를 수밖에 없습니다. 보통 상품 품목 구성의 폭과 깊이를 전문화하고, 다목적 구매와 비교구매를 가능하게 할수록 대규모 상권을 가지게 됩니다.

2

입지

(1) 입지의 특성

입지(LOCATION)란 "사업을 하는 장소"를 의미합니다. 입지라는 개념에는 점포의 위치뿐 아니라, 그곳의 위치적 조건까지도 포함되어 있습니다. 따라서 좋은 입지는 위치적 조건이 좋은 곳을 의미한다고 볼 수 있습니다. 입지는 상권과 달리 한 번 선택하여 매입을 하였거나 임차하게 된 경우, 변경이 불가능하기에 매장을 개설할 때 가장 신중하게 결정해야 할 부분이기도 합니다. 입지가 고객이 구매를 결정하는 중요한 요인으로 작용할 수 있기 때문입니다. 입지에서는 상품과 고객이 만나게 되는데 이때 소비자들은 구매를 결정하는 데 많은 영향을 받게 됩니다.

(2) 좋은 입지의 조건

첫째. 가시성 (눈에 잘 띄어야 한다)
둘째. 접근성 (접근하기 쉬워야 한다)

셋째. 인지성 (기억하기 좋아야 한다)

이 세 가지에 대해 좀 더 자세히 살펴보도록 하겠습니다.

① 가시성

가시성은 **'매장이 얼마나 잘 보이느냐?'**입니다. 매장이 눈에 잘 띄어야 고객들이 찾아온다는 것은 누구나 잘 알고 있는 상식입니다. 또한 도로를 걷고 있는 고객들에게 잘 보이느냐? 차량을 이용하는 고객들에게 잘 보이느냐에 따라서 업종 및 입지 선택이 달라지게 됩니다.

매장을 세울 후보입지를 점 찍어놨을 경우, 후보입지가 눈에 잘 띄는지 고객들이 접근 가능한 모든 방향에서 걸어보고, 또 차도 타봐야 합니다. 이때 간판이나 매장을 가리는 장애 요소(조형물, 나무 등)는 없는지도

이론으로 보는 상권과 입지

알아야 합니다.

일반적으로 점포의 전면이 넓거나, 유동인구가 많은 도로에 있는 점포일 때 가시성이 좋다고 판단됩니다. 반대로 유동인구는 많지만 인도의 폭이 좁거나 걷는 데 불편을 주는 노점상 등이 인도에 많이 있을 경우, 가시성이 좋지 않습니다. 영등포역 지상(통신매장에서는 핵심상권으로 분류하고 있음) 상권이 대표적으로 여러 방해요소가 있는 상권이라고 할 수 있습니다.

영등포역은 사람들은 많지만 인도폭은 좁고 노점들이 즐비해 있기 때문에 유속이 빠릅니다. 게다가 도로폭이 넓어 반대편 유동인구의 유입도 쉽지 않습니다. 매장 전면이 다른 곳에 비해 넓어야 가시성이 그나마 확보될 수 있는 상황입니다. 그런데 이곳은 권리금이 너무 비싸서 대형매장을 확보하기가 쉽지 않습니다. 이러한 이유로, 영등포역 근처에서는 입간판, 돌출간판, 지주간판, 외부 익스테리어(exterior) 등등 고객의 시선을 끌어 들이기 위한 많은 방법들이 시도되고 있습니다.

가시성이 높을수록 고객은 점포를 쉽게 찾고 신속한 의사결정을 할 수 있게 됩니다. 또한 고객에게 깊은 인상을 제공합니다. 혼잡한 도심 입지에서는 가시성이 더욱 중요합니다. 특히 다른 건물이나 나무 등에 가려서 가시성이 낮은 입지, 소매점이 혼재한 입지에서는 먼 거리에서도 점포를 알아볼 수 있는 시설물을 설치하는 것이 좋습니다.

예를 들어 KFC의 커널 할아버지 입상은 사람들에게 KFC 매장이 어디 있는지 잘 알려주는 일종의 트레이드 마크이자 그 자체로 마케팅 역할을 감당해내는 훌륭한 홍보 도구입니다. 그러므로 간판이나 시설물은 통행자가 점포를 찾아올 만큼 구매력을 증가시킬 수 있는 개성과 인식성을 제공해야 합니다.

② 접근성

접근성은 '고객이 얼마나 쉽게 매장에 들어올 수 있느냐'입니다. **접근성은 입지를 고려할 때 세 가지 요소 중 가장 중요한 요소입니다.** 가시성과 인지성이 아무리 좋아도 고객이 접근할 수 없다면 소용 없기 때문입니다. 보통 매장 앞의 도로조건(대중교통 편의성)과 건물 내 진입조건, 그리고 건물 내 주차장 여부가 고객 접근성에 영향을 미치는 중요한 요소들입니다.

대중교통 이용이 편리한 곳일수록, 또 역이나 버스 정류장에서 가까울수록 접근성이 높다고 할 수 있습니다. 그러나 유동인구가 많고 주 통행로에 매장이 있더라도 매장 또는 건물로 들어오는 출입구가 엉뚱한 곳에 있다든지, 출입구를 찾기 힘들게 되어 있다면 접근성이 떨어진다고 할 수 있습니다. 또 매장 앞의 도로가 일방통행로이거나 차량통행량에 비해 도로 폭이 좁아 항상 정체가 된다면 이것 또한 고객들의 접근성을 떨어뜨리는 요인이 됩니다. 소비자가 차량을 이용할 시에는 주차공간에 대해 굉장히 민감하게 반응하므로 주차장의 여부에 따라서도 고객 내점율에 차이를 보이게 됩니다.

③ 인지성

인지성은 '**매장 위치를 고객들이 얼마나 쉽게 인지할 수 있는가**'입니다. 어떤 곳은 한 번 스쳐가면서 보았을 뿐인데 몇 개월이 지나도 쉽게 찾아갈 수 있습니다. 반면에 어떤 매장은 수 차례 방문해도 찾아갈 때마다 위치가 헷갈리는 곳도 있습니다. 인지성의 차이가 불러오는 결과입니다. 인지성이 높을 경우 매장을 찾아가기가 쉽고 매장의 위치를 설명하기도 쉬워집니다.

매장의 인지성을 높이기 위해서는 주변에 누구나 알 법한 유명한 건물이나 매장 또는 브랜드가 있으면 좋습니다. 은행이나 지하철역, 백화점, 등등이 대표적으로 인지성을 높이는 시설물이라고 할 수 있습니다.

이외에도 살펴보아야 할 입지요소들에는 다음과 같은 것들이 있습니다.

이론으로 보는 상권과 입지

* 주변상권의 특성 (동종업종 매장의 유무 및 분포도. 어떤 매장들이 자리 잡고 있는지 파악)
* 주변상권의 향후 성장가능성
* 심리적으로 느끼는 안전 및 보안 (대로변에 있을수록 대체로 높아짐)

TIP　　　　　　　　　　　　　**핸드폰 매장 입지의 특성**

통신매장은 입지를 결정하는 요소로서 'CE(Customer Experience)'가 매우 중요합니다. 쉽게 말하면 '고객을 얼마나 잘 대접하느냐', '고객은 얼마나 대접을 잘 받았는가!'입니다. 핸드폰 매장의 경우, 인지성이 좋은 매장은 대부분 서비스가 좋은 매장인 경우가 많습니다. 매장의 점장이 정말 친절해서 다시 찾고 싶을 때, 핸드폰 매장은 매장을 방문하는 고객도 늘릴 수 있고, 구매율 또한 늘릴 수 있다는 것입니다.

---

(3)　4가지 핵심입지

* 좋은 입지를 갖추고 있는 소매 매장은 고객의 신뢰를 얻게 되며, 나아가 경쟁자의 고객도 얻을 수 있게 됩니다. 그러므로 고객과 밀착하고 호흡할 수 있는 입지를 찾아야 합니다. 접근성, 인지성, 가시성, 세 가지 측면에서 대부분 양호한 결과를 보여줄 수 있는 대표적인 입지 네 군데를 골라 보았습니다.

① 최상의 사거리 코너 입지
우측 도로 쪽(차량의 진행 방향)의 코너 입지는 가시성과 접근성이 우수한 최상의 입지 중 하나입니다. 이곳은 전면 도로가 넓어 접근성이 양호하고, 이면도로에서도 교차로의 혼잡과 무관하게 접근할 수 있는 장점이 있습니다. 또한 도로가 교차되는 지점에 있어서 많은 사람들에게 눈에 띌 수 있기에 가시성 또한 높은 편입니다. 여기에 한 가지 더 말씀 드리면, 대부분의 사거리 코너 매장 전면 또는 주변에는 항상 횡단보도가 있습니다. 이 때문에 횡단보도를 건너기 위해 빨간색 신호가 녹색등으로 바뀌는 동안 보행자 대부분은 사거리 코너매장을 주시하게 되며, 이것은 구매로 이어질 확률이 높겠죠?

그래서 대부분 코너매장은 임대료도 비싸지만, 매매가도 일면 매장에 비해 더 비쌉니다

다만 도로에 중앙 분리대가 있다면 주의해야 합니다. 중앙분리대로 인해 접근성이 좋지 못하게 될 뿐 아니라, 상권 잠재력 또한 떨어지게 되며, 심리적으로 고객 유입에도 악영향을 주게 됩니다.

② 차선의 사거리 코너 인접 입지

코너 입지에 비해 접근성 및 가시성은 떨어지지만 그에 못지않은 고객의 접근성, 안전성 및 편의성을 제공할 수 있는 곳입니다. 또한 이 입지는 자동차 통행이 용이한 점, 주차장 활용도가 높은 점, 임차료가 코너

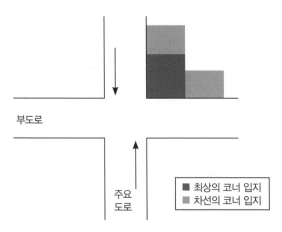

그림 1.3 최상의 사거리 코너 입지와 차선의 사거리 코너 입지

보다 저렴한 점 때문에 더 선호되는 경우도 있습니다. 매장 앞에 횡단보도
가 있다면 코너 입지보다 더 우수할 때도 있습니다.

③ 3차선 이상 교차로 입지

〈**중앙 교차로 상권**〉과 같은 도로 교차점에는 많은 교통량이 발생
함과 동시에 인구 유동성이 높아지는 특성이 있습니다. 따라서 이곳에 매
장을 개설할 경우, 가시성과 함께 많은 인구 유동성을 확보하게 됩니다.

〈**항아리 상권**〉의 입지는 세 도로의 교통량이 한 곳에 모이는 곳이
므로 〈그림 1.4〉의 경우와 마찬가지로 많은 인구 유동성을 확보할 수 있
는 좋은 위치입니다. 항아리 모양을 닮았다고 하여 항아리 상권이라 말합
니다. 항아리 상권에서 매장의 성공률은 꽤장히 높은 편입니다

* **주의점** 〈**끝물 상권**〉의 입지는 한 곳의 교통량이 세 도로로 분산
되며 인구의 흐름이 막히거나 지나는 곳이므로 인구 유동성을 확보할 수
없는 나쁜 곳입니다. 이런 입지를 끝물 입지라고 합니다. 이런 곳은 피하
는 것이 좋습니다.

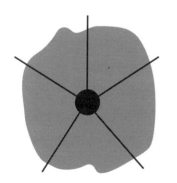

그림 1.4 중앙 교차로 상권

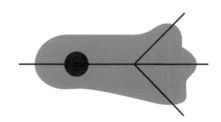

그림 1.5 항아리 상권

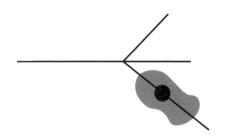

그림 1.6 끝물 상권

④ 평지입지

주요 도로보다 높은 고지대 입지는 가능하면 피하는 것이 좋습니다. 고지대 입지는 가시성은 좋지만 접근성이 나쁜 대표적인 입지입니다. 일반적으로 사람은 언덕 오르는 것을 좋아하지 않습니다. 도로보다 낮은 저지대도 좋지 않습니다. 그러나 꼭 둘 중 하나를 택해야 한다면 고지대보다는 저지대 입지를 선택하는 것이 낫습니다. 물론 제일 좋은 곳은 평지입지입니다

(4) 5가지 피해야 할 입지

① 막다른 T자형 입지

사람들은 막다른 도로로 가는 것을 꺼려합니다. 따라서 막다른 도로의 입지는 고객이 들어오지 않는 최악의 입지 중 한 곳입니다. 또한 겉으로 보기에는 뚫려 있는 것처럼 보이지만 사실상 고객에게 막다른 느낌을 주는 '막다른 T자형 도로'도 피해야만 합니다. 대표적인 막다른 T자형 도로로는 건널목 도로와 다리 근처 도로가 있습니다. 도로 한가운데에 기차 건널목이 있을 경우, 도로가 뚫려 있음에도 불구하고 사람들은 이곳이 막다른 곳이라는 느낌을 받게 됩니다. 따라서 이곳 근처의 매장에는 잘 멈춰서지 않으려는 경향이 있습니다. 다리 근처 도로 입지의 경우, 대부분

차들의 속도가 빠른 경향이 있습니다. 차들이 다리를 건너가기 위해 도로를 지나가는 경우가 많기 때문입니다. 또 도보객들도 다리에서 길이 끝나는 듯한 느낌을 받게 됩니다(다리를 도보로 건너는 사람들은 별로 없을 테니까요). 따라서 고객이 잘 멈춰서지 않게 됩니다. 상권이 다리를 경계로 달라지고, 다리 양단 주변이 활성화되지 못하는 것은 이런 이유 때문입니다. 그러므로 이런 입지도 무조건 피해야 합니다.

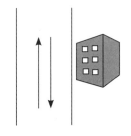

그림 1.7 막다른 도로 입지

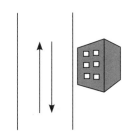

그림 1.8 기차 건널목 입지

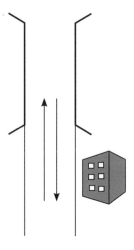

그림 1.9 다리 도로 입지

② 도로 한 편에만 입지가 있을 경우

도로 한 편에는 소매점이 있는데 반대편에는 소매점이 없고 돌담이나 철창 같은 것이 형성되어 있을 경우, 일반적으로 사람들은 그곳을 지나쳐 가게 됩니다. 보통 사람들은 본능적으로 다양한 상업시설을 보고 즐기기를 원하기 때문입니다.

③ 일방통행 도로 입지

일방통행 도로 입지는 운전자가 일방통행 도로에서만 접근이 가능하고 주도로에서는 회전을 해야 하기 때문에 접근성이 굉장히 나쁜 입지입니다. 그러나 도보객들의 유동이 용이하다면 통신매장 입점은 가능할 수 있습니다. 인천 구월동 로데오 상권이 대표적인 예입니다. 그곳은 일방통행로지만 다른 도로에 비해 유동인구가 많고 상권의 밀집도가 높아서 통신매장이 매출도 높게 나오고 있습니다. 사진을 참조해주시기 바랍니다.

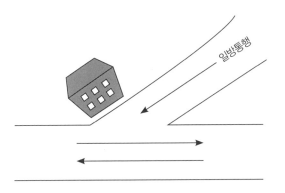

그림 1.10 일방통행 도로 입지

그림 1.11 나쁜 예 – 목동○○단지 교차로

그림 1.12 좋은 예-인천 구월동 로데오 상권

④ 단절된 입지

이 입지는 일반적으로 흐르는 입지라고 말합니다. 운전자는 사거리에서는 속도를 낮추지만, 사거리를 지나면 속도를 높이는 경향이 있습니다. 따라서 운전자는 구획 중간의 입지를 인지하고 쇼핑하기로 결정한 후 브레이크를 밟으며 운전대를 급히 돌리는 데 부담을 가질 수 있습니다 통신매장의 경우 이런 입지에 매장 개설을 한다면, 점포 위치를 잘 알고 있는 단골 고객으로 한정 될 것이며, 충동고객의 내점은 거의 이뤄지지 않을 것입니다. 이런 입지는 피하는 것이 좋습니다. 그러나 블록 중간 지점 다시 말해서, 후보매장 앞에 횡단보도가 있다면 도보객들의 유입을 이끌어 낼 수 있으므로, 통신매장 개설 진행은 가능합니다. 이때 전면이 넓어야 고객으로부터 신뢰감을 줄 수 있게 됩니다.

아래 사진에서 보이는 통신매장은 삼거리 코너로 가시성은 우수하지만 인근에 횡단보도도 없고 중앙분리대로 인해 건너편 유동인구 및 배후의 내점유인은 쉽지 않습니다. 더구나, 지하차도까지 인접해 있어서 단절된 상권으로 보는 것이 맞을 것 같습니다.

이론으로 보는 상권과 입지

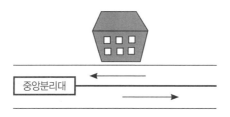

그림 1.13 단절된 입지

그림 1.14 단절된 중간 입지

⑤ 이면 도로 입지

임대료를 비롯한 전반적인 비용 절감 때문에 이면 도로 입지를 선택하는 경우가 있습니다. 하지만 이면 도로 입지는 접근성과 가시성 모두 감소하고 인지도가 낮으며, 상권 또한 주요 도로에 비해 약합니다. 이러한 입지는 피하는 것이 좋습니다.

단, 배후가 탄탄하고 배후세대의 주동선상에 입지한 경우라면 통신매장은 가능성이 있는 입지입니다. 적극적인 마케팅과 홍보전략 그리고 근무자의 CE 개선으로 단골고객 확보 및 내점객 증가를 가져올 수 있기 때문입니다. 그러나 분명 고객확보를 위해 주도로의 매장보다 고생은 훨씬 더 많이 해야 할 것 같습니다.

3

상권과 입지, 이것만은 확인해라

(1) 차이가 뭔가요?

상권을 분석하는 목적은 해당 상권이 얼마나 오래갈 수 있느냐? 즉, 지속성을 검토하기 위함입니다. 만약 해당 상권의 인근에 신도시가 개발되고 있는 상황이거나 그럴 예정이 잡혀 있다면, 기존 상권이 낙후될 위험성이 높다고 할 수 있습니다. 따라서 그 곳에서의 사업도 매출을 기대하기에는 조금 힘든 상황이 될 가능성이 높아지게 됩니다. 이럴 경우, 입지

표 1.2 상권과 입지의 차이

구분	상권	입지
개념	매장이 고객을 흡수할 수 있는 범위	매장이 소재한 위치 조건
평가항목	유동인구, 매장주변 배후세대 경쟁점포, 교통시설, 장애요인, 상권 발전 가능성	접근성, 가시성, 인지성, 부지 형태, 매장형태, 시설구조, 주차시설
분석 목적	상권의 성패 예측	매장의 성패 예측
궁극의 목적	매장 개설 후 매출액 추정	매장 개설 후 매출액 추정

가 좋다고 해도 미래가 불안하기 때문에 그곳에 창업을 할 것인지에 대해서는 철저하게 더 분석을 해봐야 할 것입니다.

입지를 분석하는 목적은 가시성, 접근성, 인지성을 통해 점포의 성공과 실패를 예측하기 위함입니다.

(2) 핵심 Check List

진행하시고자 하는 후보매장들이 하나, 둘 늘어가면 별도의 표를 만들어서 관리하시면 업무하실 때 좀 더 쉽게 진행하실 수 있습니다

표 1.3 상권 내 매장확보를 위한 객관적 자료 조사

구분	조사 관점	조사 내용
매물 확보	• 부동산 중개업소 또는 직접 확인	• 상권 내 파악 가능한 매물 전체 정보
매장 조건 확인	• 주변시세 대비 적정성 여부 • 통신매장에 적합한 매장여부	• 보증금, 권리금, 임대료 관리비 등 확인 • 매장 면적, 건물면적, 점포모양, 주변 상가 내 업종 파악
입지조사	• 고객 접근이 수월한가? • 인구 유동량은 얼마나 되나?	• 가시성, 접근성, 인지성 • 입지조건 조사
경쟁점 조사	• 상권 내 경쟁점 M/S비교 • 경쟁점과 우열비교 • 출점 타당성 판단	• 경쟁점 매장수, 경쟁점 임차조건, 판매실적, 근무자현황 • 내외적 비교분석표 작성
매출 예측	• 주변 경쟁점 매출 구조 파악 • 배후세대 거주민 및 상권특성 파악	• 경쟁점포 매출 분석 • 내점 고객 수 예측
권리분석	• 매장의 법률적 하자 여부 체크 • 임대인의 성향 파악	• 등기부등본, 토지/건축물대장, 토지이용계획확인원 등 공문서 확인 • 부동산 중개업소 및 인근 상가 임차인을 통한 매장 히스토리 파악
입지선정	조사/ 분석한 자료를 토대로 입지 결정 및 매장 계약	

표 1.4 후보점 현황표

후보점 관련내용								
현상호	파리바게트		물건No		건물주 I	성명		연락처
주소			업종	베이커리		주소		
면적	계약/전용	30	전면	6	건물주 II	성명		연락처
임차 조건	1차		2차			주소		
	보증금	2억	보증금	2억	세입자	성명		연락처
	임차료	1,200만원	임차료	1,000만원		주소		
	권리금	2.5억	권리금	2억	중개인	성명		연락처
	환산	16.5억	환산	14억		상호		수수료
	관리비	실비	관리비	실비	비고	평당 환산 : 4,375만원		

표 1.5 후보점 히스토리

추진 일자	활동내용	특이사항	비고
15.09.01	로컬 부동산을 통해 후보매장 임차조건 및 주변시세 파악	방문하는 부동산마다 권리금이 다름	
15.10.05	상권 내 메인 동선 및 대중교통 이용 현황 파악 및 유동인구 파악	지하철 2번 출구 출, 퇴근 동선 확인	히스토리정리 (습관화 필요)
15.11.10	공부서류 확인 및 임대차계약서 로컬 부동산과 협의	임차인과 권리협의	
15.11.15	임대인과 명도일정 협의 및 기타사항 협의		

후보매장에 대한 내용들을 정리하다 보면 주변 상권에 대한 흐름 및 로컬부동산의 성향 파악뿐만 아니라, 임대인과 임차인과의 이슈미팅들이 정리되어 추후 협상을 진행할 때에도 무난하게 우위를 선점할 수 있게 됩니다.

이렇게 한 뒤에 아래 표에 같은 내용으로 분류하여 하나의 시트로

22

표 1.6 후보매장리스트

번호 등록일	상권리점	매리점	형태	현상호	소유권 계약	계약일 임대차계약	명도일	제권(접수)	si공사(시작자)	오픈(예정)	기타	전면(m)	실면적(평)	보증금	월세	권리금	관리금	전세현산	평당금액	비고
1.후보점	A	통신	IBK 기업은행		13.03. 27(수)	13.03. 27(수)	13.04. 19(금)	전세권설정	13.07.26(금)	13.08. 23(금)	13.8.24(토) 화단설치완료									
2.후보점	A	버전스	신축공실		13.06. 24(월)	13.06. 24(월)	13.10.25(금)	13.09.27(금) 질 권설정	13.10.15(화)	13.12.12	13.9.06(금) (중도금임금)									
3.후보점	A	버전스 파리바 게트			·	·	건물준공예정	건설정(중도금)	소방준공예정											

표 1.7 상권과 입지선정을 위한 체크리스트

구분		내용	평가		
			(상)	(중)	(하)
1	상권의 크기	상권의 번성 정도 (인구밀도 및 유동성)			
2	접근성	상권과 입지의 접근 편리성 (도보, 자동차, 집객시설 등 고려)			
3	상권 잠재력	향후 인구증가와 소득수준의 향상으로 상권의 시장규모나 인구 유동량, 궁극적으로 매출이 성장할 가능성			
4	경쟁 저지성	입지가 경쟁점포보다 유리한 입지인가? 또는 주위에 경쟁점포가 많이 없는가? (고객을 독점할 수 있는 정도)			
5	고객 흡인력	영업의 형태가 비슷하거나 동일한 점포가 집중적으로 몰려 있어 고객을 끌어들일 가능성이 높은 곳 또는 학교, 문화시설 등과 인접함으로써 고객을 흡인하기에 유리한 조건에 속해 있는 곳 (매장개설 담당자(예비창업자 포함)는 경쟁 저지성이 높은 입지를 선택할 것인지 고객 흡인력이 높은 입지를 선택할 것인지를 판단해야 합니다)			
6	상호 보완성	상호보완 관계에 있는 점포가 서로 인접해 있는가? (이 경우, 고객 흡인력을 높일 수 있음)			
7	경쟁 회피성	향후 신규 경쟁점포가 근처에 입점했을 때 후보매장 (창업자의 사업장 포함)에 미칠 영향력의 정도			
8	가격 경쟁력	입지의 가격 및 비용은 저렴한가? 예상 매출액이 큰 편인가? (이익 실현의 정도)			

관리하면 현재 매장 후보입지들에 대한 현황자료들을 간편하고도 명확하게 관리 및 비교 분석할 수 있습니다. 아래 표는 필자가 다년간의 매장개설 경험을 통해 작성한 것입니다. 물론 절대적인 기준은 없으므로 개인만의 방식으로 표를 작성하셔서 입지를 관리하셔도 좋습니다.

입지선정의 절차는 비교적 단순하지만 확보된 물건 별로 현황을 파악하기 위해선 시간과 노력을 많이 쏟아야 합니다. 무엇보다도 고객의 입장에서 충분히 파악하고 조사하는 습관을 들이도록 해야 합니다. 주관적 입장이 아닌 객관적 입장에서 항상 매장 발굴 업무를 해야 하는 것입니다.

지금까지 말씀드린 Check List를 잘 작성하셨다면 매장 발굴에 필요한 대부분의 객관적인 기본 자료가 준비됐다고 할 수 있습니다. 따라서 매장 출점을 하는 데도 큰 무리가 없을 것입니다.

그러나 좀 더 세밀하게 입지선정을 해보고 싶으시다면 아래 표에 표기된 평가표에 체킹하면서 하나하나 분석해 보시면 더 좋을 것입니다. 이 부분은 어디까지나 추가사항입니다. 〈표 1.7〉의 내용만 확인하시고 매장을 진행하여도 충분한 자료는 갖춰졌다고 할 수 있습니다.

(3) 상권 내 후보입지 선정법

① 그리드를 활용한 상권조사법

그리드 상권조사는 매장을 출점하고 싶은 예상 입지 근처의 상권을 다수의 지역으로 나눈 다음, 각각의 지역에 대해 세대수 및 유동인구를 조사하는 방법입니다. 이 유동인구 비율 중 대략 1~5% 정도가 내점하여 매출을 올려줄 것이라고 계산하는 것입니다.

▶ 상권조사표 - 그리드 모양

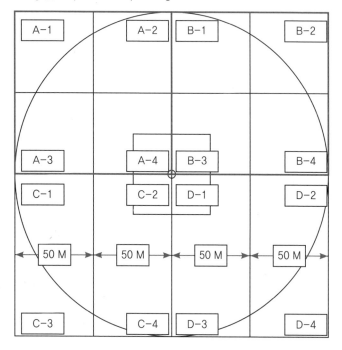

이게 그리드 조사표이며 각 16개의 정사각형을 그리드라고 부릅니다. 1그리드 즉, 정사각형 하나의 변의 길이는 실제거리 50 m에서 100 m 사이의 범위로 보통 지정합니다. **이러한 기준은 상권 및 입지 그리고 소비재에 따라서 얼마든지 변경 될 수 있습니다.**

통신매장과 같은 선매품을 취급하는 업종일 경우에는 타겟팅 된 후 보점을 기준으로 500m 범위를 분석하고 편의점과 같은 편의품을 취급하는 경우에는 타겟팅 된 후 보점을 기준으로 200m 범위를 분석하여 세대수 및 경쟁사를 파악하시는게 정확하다고 볼 수 있습니다.

특히 건물 총면적은 각 층 면적의 합계라는 사실은 숙지하시고 건물 내 배후를 파악하셔야 좀 더 정확한 세대수를 확인하실 수 있습니다.

-매장 출점 시에 매장 근처에 6차선 이상 도로가 있을 경우, 6차선 이상 도로의 맞은편 상권은 그리드 조사표 안에 포함된다 하더라도 별도

의 상권으로 취급해야 합니다. 6차선 건너편 상권은 유동인구가 출점 매장으로 올 확률이 매우 낮아서 상권으로 포함 시키기에는 리스크가 있기 때문입니다. (업종 및 상권의 특성에 따라 포함시키는 것이 가능해질 때도 있으니, 꼭 케이스별 대응을 해주셔야 합니다)

예를 들어 후보점 바로 앞에 횡단보도가 있으면 포함시키는 것이 가능해질 것입니다.

또한 특수배후(학교, 병원, 관공서 등등의 시설)이 있는 곳이거나, 잘 팔리는 경쟁사들이 그곳에 있다면 이 또한 영향을 줄 수 있습니다. 이처럼 상권 및 입지에 따라 그리드 범위는 변할 수 있습니다.

그러나 그리드는 비교적 정확한 객관적인 기준을 제시하므로 그리드 활용을 습관화 하시기를 강력히 추천드립니다.

그리드를 활용한 상권분석의 예를 하나 들어보겠습니다.

강남역 대로변 내 타겟팅한 후보점을 중심으로 그리드를 올려놓습니다. 그리고 주변상권 내 특성을 파악해 봅니다. 일단 후보점이 위치한 대로변은 편도 4차선 도로입니다. 후보점 앞에는 횡단보도가 없습니다.

그림 1.15 그리드 활용 예-강남역 상권 내 후보점

상권과 입지, 이것만은 확인해라

그러나 지하대로는 발달해 있고 건너편 배후도 상당히 탄탄하여 흡수가능할 것으로 예측됩니다.

버스정류장이 있기에 버스 노선에 따라 외부유입 인구량의 변화 예측이 될 것 같습니다. 버스노선은 마을버스인지 장거리 시외버스인지에 따라서 유동인구의 흐름이 흐를 것인지 아닌지에 대해서도 구별이 될 것 같습니다. (이 부분에 대해서는 제2장 유형별 상권에서 역세권 부분을 참조하시면 더 자세한 설명을 보실 수 있습니다)

기본적인 기준으로 본다면 A1~a4 , b1~b4는 상권에서 제외를 시켜야 합니다.

후보점 전면은 대로변으로 건너편 유동인구가 유입되기에는 힘들어 보이기 때문입니다

그러나 배후가 깊다면 포함을 시킬 수도 있습니다. 또는 그리드 반경을 더 넓게 확대해도 됩니다.

후보매장(이면 코너)을 기준으로 도로폭과 인도폭은 몇 M인지, 노선은 몇 개며 주변에 대중교통 관련 시설이 있는지, 또 도로유형은 어떤지(일방통행) 파악해야 합니다. 추가로 상가 건물 현황은 어떻게 되는지에 대한 세밀한 파악이 되어야 합니다. 또한 빌딩 면적과 층수, 근무인원수를 알아본다면 유동인구 및 배후세대 파악이 한결 더 수월해질 것입니다.

마지막으로 연령대와 성별 그리고 출·퇴근 시간대 비교까지 된다면 후보점에 대한 진행여부를 판단하는 데 객관적인 자료수집이 가능해지리라 생각됩니다.

처음 업무진행 하실 때는 꼭 이런 것까지 해야 하나 생각이 되시겠지만, 매장의 성공 여부를 결정지을 수도 있는 중요한 조사이므로 꼭 해야 됨을 잊지 마시길 바랍니다. 내 매장, 내 점포라고 생각하시면 더 의지가 생기실 것이라 믿습니다.

아래의 표들은 실제로 지금까지 제가 말씀드린 것들을 표로 정리해본 것입니다. 참고하시기 바랍니다.

이론으로 보는 상권과 입지

성별,시간대에 따른 업종 선택 중요!

배후세대 특성에 따른 업종별 매장내 레이아웃 확인 중요!

표 1.8 유동 및 배후세대 검토

평일			휴일		
남자	여자	계	남자	여자	계
5,584	5,927	11,511	4,188	3,578	7,766

구분	주택조사					집객시설				
	APT	오피스텔	연립/빌라	주택	합계	학원	병원	부동산	요식업	합계
수	4,500	–	782	408	5,690	7	5	10	11	33
업주율/기동률	100%	–	100%	100%	100%	100%	100%	100%	100%	100%

상권	가시성	1면	2면	3면	간판전면길이	간판측면길이
주택가	150 m	–	–	○	10 M	5 M

상권별 유형 파악 중요!

가시성 확보 여부 확인시 굉장히 중요!

표 1.9 성별/연령대별 시간대별 통행량 확인

구분	남자							여자					
	1~13	14~20	21~30	31~40	41~50	50~	소계	1~13	14~20	21~30	31~40	41~50	50~
7시	2	12	13	9	5	5	46	2	11	10	12	7	9
8시	5	8	17	15	9	11	65	5	15	15	7	15	11
11시	4	5	5	6	7	7	34	3	10	7	12	9	7
14시	3	7	5	7	5	5	32	3	7	7	5	11	7
16시	4	10	2	5	0	0	21	2	3	9	4	5	5
19시	2	7	3	10	5	1	28	5	3	7	6	3	8
22시	0	4	7	7	5	1	24	3	8	7	4	5	5
23시	0	3	6	8	2	0	19	0	8	5	3	1	1
계	20	56	58	67	38	30	269	23	65	67	53	56	53

시간대별, 연령대별 성별에 따른 매장대응 필요!(PEAK TIME 대응)

② 실제 후보입지 선정사례

상권과 입지를 설명하기에 좋은 예를 하나 들어보겠습니다. 인천의 부개역이라는 역세권입니다. 사실 부개역은 상권이 많이 발달한 곳은 아니기에 그렇게 유명한 상권은 아닙니다. 그러나 분명 가능성을 가지고 있는 곳입니다.

부개역은 남부와 북부로 상권이 분리되어 있습니다. 〈그림 1.16〉을 보면 부개역 남부 쪽이 더 활성화가 되어 있는 것처럼 보입니다. 판매점(연두색 마크)들이 유동인구의 흐름을 따라 동일선상에 펼쳐져 있는 것을 보실 수 있습니다. 그에 비해 부개역 북부 쪽은 판매점의 밀집도가 남부 쪽보다 낮아 보입니다. 하지만 자세히 들여다보면 (다음 지도로 확인하면 더 명확하게 확인이 가능합니다) 북부 쪽은 상가들이 별로 없고 아파

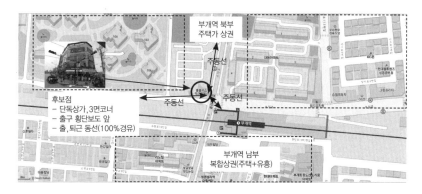

그림 1.16 상권설명 (부개역)

트 단지 및 다세대 빌라가 밀집해 있는 것이 확인됩니다.

이것을 통해 부개역 북부 쪽의 상권이 남부에 비해 넓고 안정적이라는 예상을 할 수 있습니다. 그리고 상가건물이 많지 않아서 경쟁점과의 경합도 최소화 할 수 있다는 분석도 가능합니다. 따라서 이곳에 매장을 개설하는 건 가능성이 있는 배팅이 될 수 있습니다. 그렇다면 어떻게 해야 할까요? 인근 부동산을 방문하기 전에 우선적으로 상권 내 후보점을 타겟팅해야 합니다. 그리고 주동선을 파악하고 인구 유동의 흐름을 분석합니다. 분석이라고 해서 거창한 게 아니라 단순히 어느 쪽 출구에 어느 쪽 횡단보도, 어느 쪽 도로로 사람들이 이동하는가 하는 것을 보면 됩니다. 그런 과정들을 마친 다음, 인근 로컬 부동산에 방문한다면 상권에 대해 정확한 정보를 얻을 수 있게 됩니다.

이 모든 것은 직접 현장에 나가 실전으로 해볼 때 가장 좋습니다. 그러나 우선은 책의 지면을 빌려 제가 직접 분석한 부개역의 상권에 대해 말씀드리도록 하겠습니다.

먼저 부개역 북부 쪽의 상권은 전형적인 아파트밀집 상권으로 복합상권(역세권+주택가)임을 확인할 수 있습니다. 아마 자가용보다는 많은 사람들이 대중교통(지하철, 버스)을 이용하여 출·퇴근을 하고 있을 것입니다. 출 · 퇴근 시간대에 지하철역에 가서 유동인구를 확인해 보니 대부분 부개역 2번 출구를 이용하고 있는 것을 보게 되었습니다.

그 다음, 로컬 부동산에 방문하여 세대 수를 확인해 보니 인근에 아파트 단지에 약 2,000세대 이상이 있음을 확인할 수 있었습니다. 결정적으로 북부 쪽 상권에는 현재 제가 열고자 하는 휴대폰 소매점이 없는 공백상권임을 알게 되었습니다. 경쟁이 치열하지 않다는 것이죠. 당장에 후보점을 타겟팅해야 하는 곳임이 밝혀졌습니다.

직접 가서 확인을 해본 결과, 가시성과 접근성이 우수하고 주동선 상에 있는 제과점이 먼저 눈에 띄었습니다. 로컬 부동산을 통해 매장의 상황을 확인해 보았습니다. 알아보니 월 매출이 6,000만 원 이상 되는 곳으로 전체 매장의 평균 이상을 판매하고 있는 곳이었습니다. 매장을 개설하는 데 쉽지 않을 거라고 생각되었지만 막상 점장님을 만나보니 매출은 높지만 몸도 힘들고 여러 가지 이유로 양도의사가 있었습니다. 결국 우리는 긍정적으로 계약조건에 대한 협상을 할 수 있게 되었습니다.

부개역은 아직 숨겨져 있던 상권을 발견하게 된 좋은 케이스 중 하나라고 할 수 있습니다. 그러나 사실 상권을 발견하는 것은 우연에 달린 것이 아닙니다. '발품을 얼마나 파느냐?' '얼마나 관심 있게 보느냐?'에 따라서 평소에는 보이지 않았던 객관적인 상권 요소들을 더 자세히 파악할 수 있게 됩니다. 제가 부개역 상권을 발견하고 매장을 개설하게 된 것도 평소에 상권을 파악하기 위해 꾸준히 상권을 보는 감각을 키워왔기 때문이라고 할 수 있습니다. 상권을 보는 감각은 개개인마다 차이는 있을 수 있지만, 노력에 의해 분명 더욱 예민해지고, 정확해질 수 있다는 것입니다.

아직도 숨겨져 있는 이런 상권은 의외로 많이 있습니다.

2

유형별 상권

1
핵심상권과 비핵심상권

(1) 핵심상권

서울 수도권(인천포함) 지역을 기준으로 보면 핵심상권은 123개 (2016년3월 기준)가 있고, 핵심상권을 제외한 나머지 지역을 비핵심상권 (일반상권)으로 구분하고 있습니다.

구분기준은 상권이 있는 한 지역에서 판매건수가 정해진 기준 이 상일 때 그곳을 핵심상권이라고 합니다. 정확한 기준안은 밝힐 수 없음을 이해해 주시기 바랍니다. 편하게 생각하셔서 유동인구가 많은 역세권 과 통신매장이 밀집되어 있는 곳 대부분이 핵심상권으로 분류되어 있다고 생각하셔도 될 것 같습니다. 그러나 상권은 매년 변화되기 때문에 핵심상권이 비핵심상권이 될 수도 있고, 비핵심상권이 핵심상권으로 성장하기도 한다는 점은 알아두시는 게 좋습니다.

대표적인 예로 인천 논현동이 있습니다. 그곳에 가보시면 아시겠지만 메인 입지 내 웬만한 코너 입지는 대부분 통신 매장이 입점해 있는 상태입니다. 현재 다른 상권에 비해서 통신매장이 계속적으로 증가하고 있습니다. 그러나 시간이 흘러 상권이 안정화 된다면 이곳의 통신매장도 차

유형별 상권

츰 정리가 될 것입니다.

　또한 당산역과 스카이시티(김포공항) 상권도 핵심상권으로 분류되어 관리되고 있지만, 스카이시티 상권은 점점 통신매장의 세력이 약화되고 있는 추세입니다. 부평역과 안양역도 예전에는 지하상가 내 판매점의 밀집지역으로 통신매장이 불야성을 이루고 있던 곳이었지만, 점점 쇠퇴하고 있습니다. 이에 미뤄서 볼 때 통신시장의 변화는 다른 업종에 비해 변화의 폭이 참 빠르다는 생각이 듭니다.

　먼저, 핵심상권 내 매장 출점은 통신매장뿐만 아니라, 타 업종도 입지를 차지하려고 하기 때문에 경쟁이 치열한 곳이 대부분입니다. 따라서 자연스럽게 투자금이 높게 형성되어 있습니다. 권리금도 비쌀 뿐 아니라, 보증금 및 월 임차료에 대한 부담도 만만치 않습니다. 이 때문에 핵심상권의 매장 출점에서 가장 중요한 점은 투자대비 효율성이라고 할 수 있습니다.

　만약 핵심상권 내 좋은 입지가 주변시세에 비하여 권리금이 없거나 임차료가 높다면 건물주가 장난(법인 임차인만 선호하며 일정 기간이 되면 임차료를 무리하게 인상하여 명도−토지 또는 건물을 소유한 부동산 점유자가 점유권을 타인에게 옮기는 것−를 주기적으로 시키는 건물)을 칠 수도 있기 때문에 꼼꼼하게 따져봐야 합니다. 매장개설 업무가 처음이시라면 이런 물건은 피하시는 게 좋습니다. (대부분 기업형 컨설팅 업체가 부동산 중개를 하는 경우가 많습니다)

　더구나, 제소전 화해조서(이 부분에 대해선 추후 자세히 설명하도록 하겠습니다)까지 받아놓고 임대차 계약을 한다면 그 매장을 장기간 확보 유지하기란 거의 불가능하다고 보면 될 것 같습니다.

　제가 예전에 만나본 건물주는 "임대차 계약 기간이 종료되면 당사가 우선협상자가 되며, 임대인이 요청하는 대로 월 임차료를 인상해 주는 것에 합의한다."라는 계약문구를 보여주었습니다. 당시 그 입지는 다이소가 입점해 있는 상태였는데 상품발주 및 검수를 하루 2번씩 하는 전국 1등매장이라는 것을 CCTV를 보여주며 확인시켜주었습니다. 그만큼 핵심

상권 내 좋은 매물이었기에 건물주가 절대적인 권한을 갖고 임대차계약을 맺고 있었던 것입니다. 사실 핵심상권 내 법인과의 협상에서는 건물주가 절대적인 우위를 차지하고 있기 때문에 독소조항을 무조건 피해갈 수만은 없다는 게 현실이기도 합니다.

개인적으로는 앞으로의 통신매장 상권은 핵심상권에서 비핵심상권으로 변화되어 성장하지 않을까 생각을 합니다. 그래서 저는 올해 초부터 일반상권(주택가 밀집단지 또는 학원가, 유흥 + 주택가 상권)을 중심으로 메인동선 내 매장을 타겟팅해서 관리하고 있습니다. 언젠가는 그 상권도 통신매장에 대한 필요가 있을 것이라 예상이 되기 때문입니다

좋은 입지의 우수 매장은 하루 아침에 생겨나는 게 아닙니다. 꾸준히 상권조사를 하고 인근 부동산과의 관계를 잘 맺어가며 상권변화에 민감하게 반응을 보여야 합니다. 포기하지 말고 끝까지 관찰할 때 결국, 우수매장을 선점할 수 있게 됩니다.

(2) 비핵심 상권

비핵심상권은 저평가된 상권으로 흔히 구상권이라고들 말합니다. 그러나, 말씀드렸듯이 비핵심상권도 상권의 변화에 따라 핵심상권으로 성장하기도 합니다. 따라서 항상 부동산 시장 흐름에 민감하게 반응하고 있어야 합니다.

발산역(마곡지구, 서울권내 신규상권)과 의정부역(지상, 구상권으로 분류 되었던 곳)은 잘 알려지지 않은 비핵심상권이지만 성장 가능성이 있는 곳이 아닐까 생각합니다. 발산역은 마곡지구의 개발로 외부 유입인구의 지속적인 증가로 탄탄한 배후세대를 기반으로 꾸준한 성장을 보이고 있습니다(최근까지 통신매장을 제외한 대부분의 소매업종에서 건물 준공 전 선계약을 통한 전략적 상권운영을 계획하고 있습니다). 마곡지구는 3

년정도의 시간이 흐른 뒤에는 상권이 안정화되어 핵심상권으로 분류될 것으로 보여집니다.

의정부역은 신세계백화점과 로데오 상권의 성장으로 외곽지역의 거주민들을 흡수할 것으로 예상됩니다. 현재까지 의정부역은 지하상가를 중심으로 핵심상권으로 분류되어 관리되었지만, 전체적으로 지하상가 내 판매점의 위축으로 지상상권이 성장하지 않을까 하는 의견이 지배적입니다.

(3) 상권을 파악할 때 유의할 점

① 지역특성을 대강 알고 들어가서는 절대로 안 됩니다. 확실히 파악하고 들어가야 합니다.

② 시설에 현혹되어서는 안 됩니다. 처음 매장을 개업해보는 초심자일수록 시설에 넘어가는 경우가 많으므로 주의해야 합니다.

③ 권리금이 터무니없이 싼 곳은 좋은 입지가 아닙니다. 역세권이라고 다 좋은 입지는 아니라는 것입니다. 왜 싼지 철저하게 상권분석을 해봐야 합니다.

*장사로 성공하는 것이 무엇보다 중요하지만, 그보다 더 중요한 것이 바로 실패하지 않는 것입니다. 그래서 입지선정에는 항상 신중에 신중을 기해야 합니다!!

2

유형별 상권

(1) 역세권

① 입지가 좋은 대표적인 상권

역세권은 역(기차, 지하철 등)을 중심으로 한 다양한 상업, 업무, 주거 등의 활동이 이뤄지는 지역을 말합니다. 역세권의 범위에 대한 명확한 구분은 없으나 보통 도보로 5~10분 이내에 도달할 수 있는, 역사중심으로부터 반경 500 m 이내의 지역을 지칭합니다.

보통 역세권은 거의 모든 지역에서 상권이 활발하게 형성되어 있는 곳 중 하나입니다. 그러나 모든 역세권 입지가 좋은 것은 아닙니다. 유동인구가 가장 많은 출입로만 장사가 잘 됩니다. 그 출입로를 중심으로 대형 백화점, 쇼핑센터, 대학교, 입시학원 등의 이용시설이 활발하게 성장하게 되기 때문입니다. 그 외의 출입구에 있는 지역은 보통 특별한 상권이 제대로 형성되지 못하는 경우가 많습니다. 물론 당연하게도 좋은 역세권 입지는 권리금도 임대료도 높기 마련입니다.

역세권에서 어디가 좋은 입지인지 쉽게 알 수 있는 방법은 노점상이 어디에 더 많은가를 보면 잘 알 수 있습니다. 역세권뿐만 아니라, 유동인구가 많고 장사가 잘 되는 곳에는 어디든지 노점상들이 길목을 차지하고 있습니다. 바로 그곳이 메인 핵심동선입니다. 간단하게는 인구 유동량 과 주요 시설물만 파악해도 메인 핵심동선을 잘 알 수 있을 것입니다.

우리가 잘 알고 있는 서울의 대표 역세권인 신촌역, 서울대입구역, 신림역, 강남역, 홍대입구역, 여의도역, 건대입구역, 부천역, 인천터미널 역, 산본역, 범계역, 서현역, 미아사거리역, 홍제역, 연신내역 등에서 노점 상이 밀집된 출구는 몇 번 출구일까요? 또 배후 단지 및 상가가 밀집되어 있는 출구는 어디일까요? 몇 번 출구에 버스노선이 가장 많을까요?

이러한 사실을 알고 현장에 나가시면 훨씬 더 상권분석이 재미있 어질 것입니다.

예로 양재역 상권을 들어보겠습니다. 양재역 상권은 1~8번 출구까 지 있습니다. 가장 발달한 출구는 5번, 6번 출구입니다. 특히 5번 출구는 마을 버스 노선이 발달하여 인근 아파트 단지 내 거주민들은 대부분 5번 출구를 이용하고 있습니다. 그리고 오피스 상가 및 유흥가 상권이 발달하 여 유동인구가 모이는 곳이기도 합니다.

그런데 자세히 보시면 7번 출구에도 양재 환승주차장이 있는 걸 알 수 있습니다. 이곳을 이용한 출·퇴근 이용객들도 굉장히 많은 편입니다. 하지만 이곳을 좋은 역세 상권이라고 말하기는 쉽지 않습니다. 왜냐하면 환승주차장을 이용하는 고객들은 대부분 출·퇴근하기에 바쁜 시외버스 이용객들이기 때문입니다. 그들은 대부분 물건을 구매하거나 비교할 수 있을 만큼의 시간적인 여유를 낼 수가 없습니다. 하지만 최근에는 7번 출 구를 중심으로 신축상가와 지하상가가 발달하기 시작하면서 외부유입 인 구가 증가하고 상권이 조금씩 성장하고 있는 추세입니다. 또한 7번 출구 에 있는 패스트 푸드점은 굉장히 장사가 잘 되는 곳 중 하나입니다(패스 트 푸드 본사 직원을 통해 직접 들었습니다). 출근 또는 퇴근시간을 이용 하여 식사거리를 구매하고 버스를 타는 승객이 많기 때문입니다. 당연하 게도 인근 커피숍들도 꽤 잘 된다고 합니다. 그러나 이런 곳들은 신축건물 이다 보니 임차료가 상당히 높은 편입니다.

3번과 4번 출구는 빌라 중심의 가족 세대 거주 상권이며 학생들 중심의 아이템들이 주를 이루고 있습니다. 아마도 젊은 학생들이 많이 있는 곳이라는 예측을 할 수 있겠죠? 맞습니다. 은광여고가 상권입니다. 그러나 이곳은 경사가 높아 외부 유입인구의 소비는 쉽지 않습니다. 보통 우리는 이것을 아까 말씀드렸던 '흐르는 상권'이라고 말합니다.

　　이렇듯 양재역 하나만 놓고 분석해봐도 각각의 출구 중 어디가 좋고 어떤 출구에 어떤 아이템이 좋을지를 자세히 살펴볼 수 있습니다. 아래의 수도권 전철 노선도를 보면서 여러분들이 거주하는 곳 또는 자주 이용하는 곳의 지하철역을 유심히 살펴 보세요. 재미있는 결과들이 눈에 보이실 겁니다.

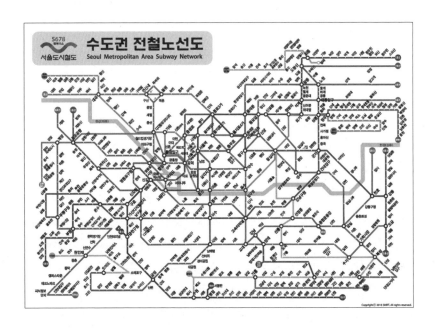

② 국내 역세권 현황

　　갑자기 서울 수도권의 지하철역 개수는 몇 개나 될까 궁금해졌습니다. 그래서 인터넷에 검색을 해봤더니 622개라고 합니다. (2016년 1월 기준) 우리는 이 622개의 상권을 역세권이라고 부릅니다. 이중에는 잘 되는 상권도 있을 것이고 그렇지 않은 상권도 있을 겁니다. 시간을 내서 이

곳들의 상권분석을 해나가다 보면 상권분석 박사가 될 수 있을 것이라 생각합니다.

통신매장의 핵심상권으로 분류된 123곳의 지역 중 판매실적이 우수한 대부분의 상권은 바로 역세권 입니다. 통신매장 뿐만 아니라, 다른 소매 업종도 상황은 비슷할 거라 생각됩니다. 이러한 이유로, 역세권내 우수입지 확보를 위한 업체간 경쟁이 갈수록 심화되고 있고, 점당 투자비용 또한 높아지고 있습니다.

1호선 : 98개, 2호선 : 51개, 3호선 : 44개, 4호선 : 48개, 5호선 : 51개

6호선 : 38개, 7호선 : 51개, 8호선 : 17개, 9호선 : 30개

분당선 : 36개, 인천선 : 29개, 공항철도 : 11개, 경의선 : 53개, 신분당선 : 6개, 경춘선 : 21개, 중앙선 : 28개, 수인선 : 10개

참고로 서울이 아닌 수도권의 지하철역 개수입니다.

부산 지하철역 – (129개/2016년1월 기준)

대구 지하철역 – (89개/2016년1월 기준)

광주 지하철역 – (20개/2016년1월 기준)

대전 지하철역 – (22개/2016년1월 기준)

③ 통신매장의 특성과 맞지 않는 역세권

참고 말씀을 드리면 통신매장이 적합하지 않은 역세권이 있는데 바로 젊은 여성고객이 많이 이용하는 곳입니다. 예를 들면, 이대역, 성신여대역, 동대문역사박물관역(의류 도소매 매장 밀집지역), 숙대입구역, 등이 있습니다. 그리고 대학가에 자리 잡고 있는 역세권(중앙대, 숭실대, 경기대, 경희대, 고려대, 숙명여대, 경인교대 등)는 상권이 약하여 발전 가능성이 없는 곳입니다. 이러한 곳은 역세권이라기보다는 대학가로 분리해서 보는 게 맞을 것 같습니다

편의점(편의품 판매)은 좋은 상권으로 분류되어 적극적인 입점 검토가 가능 할 것 같습니다. 학생들의 유동량과 구매율은 안정적이며 꾸준하기 때문입니다 그러나 대학가 상권의 특징 중 하나는 바로, 방학이 있다

는 것입니다.

　방학기간 동안은 유동인구가 현저하게 줄어들어 일평균 매출에도 많은 영향을 주고 있습니다 이러한 이유로 대학가 상권내 경합이 심한 곳이라면 출점은 지양 하는 것이 맞습니다

　그렇다면 교대역은 어떨까요? 교대역은 복합상권(오피스 + 유흥 + 주거 + 학교 + 법원)으로 다양한 연령층이 고른 시간대에 이용을 하기 때문에 괜찮은 역세권입니다. 물론 모든 출구가 다 좋은 상권은 아닙니다. 제가 이곳에 매장을 개설하면서 상권조사를 해본 결과, 1번, 5번, 6번, 11번 출구를 이용하는 유동인구가 가장 많았고 주 소비층을 이루고 있었습니다. 물론, 이런 출구 주변의 상가는 임대료 및 권리금이 높게 형성되어 있었습니다. 그러나 잘 찾아본다면 이곳에서도 분명히 좋은 입지가 나올 것이라고 생각합니다.

(2)　주택가 상권

　주택가 상권 내 통신매장을 개설하기 원하신다면 주택가 상권의 특성을 먼저 알아야 합니다. 주택가 상권은 현재 소비 트렌드의 변화 및 주 5일 근무제의 일반화로 인해 상권의 존재감이 점점 강해지고 있습니다. 단순히 사람들이 거주하는 주택이 있는 곳이라고 생각할 경우, 성공적인 매장개설을 할 수 없습니다. 특히나 통신매장과 같은 고객의 성향과 니즈에 따라 움직이는 업종 같은 경우에는 더더욱 꼼꼼하게 입지분석을 해야 합니다.

　주택가 상권을 보실 때는 '배후세대는 얼마나 되는가?' '거주형태는 어떻게 되는가?' '아파트의 평형대는 얼마인가?' '단지 내 상가는 어떤 형태인가?' 등등을 따져봐야 합니다. 통신매장은 5,000세대를 기준으로 본사 직영매장 오픈이 됩니다. 5,000세대라 하면 최소 10,000명은 거주를 하고 있을 것이라는 예측과 함께 소비층의 단말기 교체시기를 24개월로 보면 최소 100건 이상은 매월 판매될 것으로 추정하고 매장개설을 진행합니다.

유형별 상권

다만 아파트가 중·소형 평수의 아파트가 아니라면 예상 판매 건수는 높지 않을 것입니다. 왜 그럴까요?

　　대형평수에 거주하는 사람들은 대부분 50대 이상의 노년층으로 삶의 수준이 높고 새로운 기기변경에 대한 의지가 약합니다. 또한 자가용을 이용한 대형 쇼핑몰을 이용할 확률이 높습니다. 이 때문에 배후세대 외에 평형대가 중요합니다. 그리고 거주형태에 따라 판매실적도 영향을 받습니다. 단독주택이 밀집된 상권이라면 피하는 것이 좋습니다. 세대수가 적고 주거연령과 소득수준이 높은 곳일 확률이 높기 때문입니다. 반대로 서민층이 다수 살고 있기도 합니다. 단독주택이 많은 곳은 젊은 층이 거주하기에는 어려움이 있습니다.

　　하지만 단독주택, 다세대, 다가구가 혼재되어 있는 상권은 비교적 좋은 상권입니다. 세대수가 많고 주거연령도 중·장년과 초·중고생이 많은 곳일 확률이 높습니다. 소득수준은 중산층과 저소득층이 주를 이루고 대부분 재래주택 형태를 이루고 있습니다.

　　마지막으로, 단지 내 상가의 특성 파악도 굉장히 중요합니다. 아파트 단지마다 상가가 있는지 아니면 상가가 한 곳에 모여있는지에 따라서 판매실적도 차이가 크게 나타납니다. 예를 들어볼까요? 용인시 기흥구에 위치한 중동 신규 택지지구가 있습니다. 이곳은 최초 분양가가 꽤 높았던 것으로 기억합니다. 거주민들이 상가이용 편의를 위해 단지마다 상가를 지었기 때문입니다. 결국 세대 수에 비해 상가가 과다하게 많이 생기게 되었습니다. 그러니 꼭 필요한 곳이 아닌 경우, 거주민들의 이용이 뜸해지는 결과가 나타났습니다. 더욱이 동네 자체가 번화가가 아니었기에, 사람들은 주말만 되면 번화가인 외부로 나가 소비를 하게 되었습니다. 그 결과, 단지 내 상가는 세탁소, 미용실, 부동산, 학원, 편의점 외 다른 업종은 유지가 힘들었고, 평일과 주말의 객수 차이도 심하게 나기 시작했습니다. 결국 기존에 있던 상가 내 업종마저도 현상유지를 하기가 어려워지게 되어 폐점을 하게 되었습니다. 실패한 상권으로 전락해버린 것입니다. 지금도 이곳은 공실이 많은 걸로 알고 있습니다.

이러한 실패를 경험 삼아 이후에 건설된 신규 택지지구는 상권을 한 곳에 모아 배후세대가 한 곳에 모여 소비할 수 있는 집약적 소비상권을 만들어가고 있습니다.

이와는 반대로 성공적인 주택가 상권의 예를 들어본다면 최근에 계약을 진행했던 분당구 이매동 상권 내 매장개설건이 있습니다. 구체적

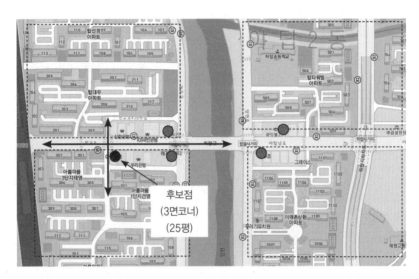

그림 2.1 주택가 상권 예시 − 분당구 이매동 상권분석지도

그림 2.2 분당구 이매동 매장입지

유형별 상권

인 임차조건에 대한 내용은 언급하기 어렵지만, 입지분석적인 측면에서 이야기한다면 전형적인 코너매장에 배후단지가 탄탄하고 대부분의 거주민들이 경유할 수 밖에 없는 매장이라는 생각이 듭니다. 한 번 보실까요?

사실 이 매장은 오래전부터 타겟팅해오던 입지였습니다. 그러나 고 권리금이 형성되어 공격적으로 진행하기에는 무리가 있었습니다. 주택가 상권 내 입지는 높은 권리금을 지급하고 진행하기에는 무리가 있기 때문입니다.

인내심을 갖고 기다리자 부동산 경기 침체로 아파트 거래(매매, 전·월세)율이 떨어지면서 부동산 중개업소의 수익성이 떨어지는 시점이 찾아왔습니다. 그때 저희는 다시 컨설팅업체를 통해 매장 양수도 협의에 들어갔습니다. 결국 몇 번의 대화 끝에 원했던 매장을 예전 시세보다 현저하게 낮은 가격으로 확보할 수 있었습니다. 어떻게 이런 일이 가능했을까요? 주택가 상권의 특성상, 부동산 정책 및 경기에 민감하게 반응을 보이는 경우가 대부분이기 때문입니다. 특히나 지어진 지 얼마 되지 않았고, 관심과 화제가 높은 지역일수록 더더욱 그런 경향을 보여줍니다.

또 하나의 예를 들어볼까요? 최근 단통법이 시행되면서 주택가를 배후로 한 중·소형 판매점들이 조금 주춤거리고 있는 상황입니다. 그런데 이런 상황에서도 성공적으로 주택가 상권 내에서 안정적인 매출을 올리고 있는 매장이 있습니다.

안산 선부동 상권을 아시는지요? 세월호 사건이 일어난 이후, (세월호 사건 유가족 분들에게 진심으로 위로의 말씀을 드립니다.) 그 여파를 가장 많이 받은 곳으로 전체적인 경기가 침체되어 있는 지역이지만 유독 선부동 상권만은 큰 변동이 없었습니다. 그만큼 상권이 안정화 되었으며, 택지개발 단계부터 상가 밀집형으로 계획되어 배후세대 거주민들의 소비문화가 대부분 한 곳으로 집중되어 있는 곳이기 때문입니다. 그럼 한 번 지도로 볼까요?

지도에서 보시면 아시겠지만 선부동의 상권은 다이아몬드 형태를

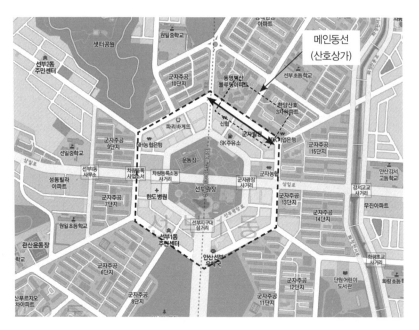

그림 2.3 주택가 상권 예시 – 안산시 단원구 선부동

그림 2.4 안산시 단원구 선부동 매장입지

하고 있습니다. 때문에 선부동은 다이아몬드 상권이라고 이야기합니다. 〈사진 2-4〉를 보시면 이 다이아몬드 상권 내에서도 메인 동선에 속하는 산호상가의 모습을 볼 수 있습니다. 이곳은 최초 분양가도 높았던 데다

유형별 상권

가 현재 나와있는 매장도 많지 않습니다. 주공아파트 단지 내 거주민들과 한양아파트, 그리고 그 밖의 거주민들이 유일하게 이용할 수 있는 근거리 내 핵심소비상권이기 때문입니다. 이런 곳에 상가 투자를 하신 분이라면 평생 경제적으로 어려움은 없지 않을까요?

최근에 이곳 산호상가 내 물건이 나와서 주변시세 대비 높지 않은 금액으로 부동산 임대매장 계약체결을 진행할 수 있었습니다. 세월호의 여파라고 단정 지을 수는 없지만, 전체적인 경기침체로 인해 이곳에서도 몇몇 업종은 큰 타격을 받고 있어 보였습니다.

주택가 상권은 이 정도로 정리해볼 수 있을 것 같습니다. 대부분의 주택가 상권은 크게 변동되지 않는 특성이 있으니, 잘 판단하셔서 진행하시면 될 것입니다.

(3) 오피스 상권

오피스 상권은 20~40대 남녀 직장인을 타깃으로 한 업무용 상권을 말합니다. 2000년 이후 주5일 근무제의 시행으로 오피스 상권 내 상업시설은 한 달 영업일수가 26일에서 22일로 줄어든 상권이기도 합니다. 여의도역, 테헤란로, 양재동, 구로디지털단지역, 가산디지털단지역, 광화문, 상암동 등이 대표적인 오피스 상권이라고 말할 수 있습니다. 이 상권 내 특징은 젊은 층이 대다수 이용하는 상권이기 때문에 가격 비교를 통한 상품구매가 이뤄진다는 점입니다.

일단 이곳은 평일 영업만 한다는 생각으로 접근을 해야 합니다. 하지만 그 외의 장점도 있습니다. 제가 여의도역 지하(IFC MALL 지하철역 이용로)에 통신매장을 오픈했었는데 대부분의 직장인들이 법인폰을 개통하기 위해 줄을 늘어서는 경우를 보았습니다. 법인폰은 특별히 개인의 비용지불이 되지 않기 때문에 고민하지 않고 대부분 구매로 이어지게 됩니다.

물론 오피스 상권의 임대료 및 권리금도 상당히 높게 평가되어 있습니다.

　　전형적인 오피스 상권 중에 한 곳인 여의도역을 한 번 보겠습니다. 여의도역은 증권 및 금융 관련 본사가 밀집되어 있는 곳으로 동여의도와 서여의도로 나눠지는데 대부분 동여의도를 여의도역 상권이라고 말합니다. 이곳은 IFC몰이 2년 전에 오픈하여 영등포역에 있는 타임스퀘어와 경합을 하고 있지만, 오피스상권의 특성상 주말과 평일 점심, 저녁시간을 제외한 시간대의 유동량이 많지 않아 식당가를 제외한 대부분의 의류매장은 고전을 면치 못하고 있습니다.

　　통신매장을 기준으로 본다면 대부분 본사직원들은 업무상 통화량이 많고 사업용 폰을 사용하기 때문에 ARPU(가입자당 평균 수익: Average Revenue Per User)가 높고 단말기 마진이 높은 편이었습니다. 그러나 단통법이 시행된 이후 통신시장의 성장세는 소폭 둔화되어 보이는 것 같습니다. 앞으로 어떻게 변화될지는 아무도 모르지만, 지금 제가 이 책을 쓰고 있는 시점에서는 단통법이 큰 화두가 되고 있는 상태입니다. 대

그림 2.5 오피스가 상권 예시 – 여의도역

유형별 상권

그림 2.6 여의도 상권의 핵심동선 및 입지

부분의 중·소형 대리점과 판매점들은 단통법 시행 전·후를 비교해 볼 때 약 70%이상 매출이 극감하고 있다는 어느 언론매체의 기사를 본 적이 있습니다. 다시 한 번 이 책에서는 정책적인 부분은 철저히 동일하다는 전제하에 상권분석을 통한 매장개설에 대한 내용을 우선으로 다루고 있음을 조심스레 말씀드립니다.

여의도역 상권은 다른 출구의 이용량도 많지만, 상대적으로 3~5번 출구를 통해 많은 대중교통 이용객들의 유동이 이뤄지고 있습니다. 그 때문인지 여의도 종합상가는 1칸당 10평 내외지만 권리금은 칸당 많게는 3억까지 형성되기도 합니다. 최소 1.5억이 형성되어 있는 그야말로 평당 투자금액이 엄청 비싼 곳이죠.

그런데도 매장이 없어서 들어가지 못하는 곳입니다. 이 상가는 20년도 훨씬 더 된 노후된 상가건물이지만 핵심입지 내 상가이기 때문에 매장 확보가 쉽지만은 않았던 곳입니다.

그러나 이 또한 최근의 부동산 경기 침체로 권리금 협상이 수월해지고 있습니다. 매장면적에 대한 이슈가 해결된다면 추가 매장 개설이 필요하지 않을까 싶습니다. 교보빌딩 쪽으로 들어가다 보면 S트레뉴 빌딩이 있습니다. 이 곳도 약 3년 전에는 권리금이 높게 형성되지 않았던 신축 빌딩이었으나, 지금은 최소 2.5억 이상의 권리금을 지급해야 겨우 매장을 얻을 수 있는 상가가 되어버렸습니다. 임차료 또한 여의도 종합상가에 비해 높은 편입니다. 중·장기적으로 이곳은 추가 출점이 필요한 상권입니다. 아일렉스 상가는 배후에 아파트 단지가 있어서 오피스 상가 상권이라고 말하기는 쉽지 않습니다. 통신매장이 입점한다면 어떤 성과가 나올까요? (담당자의 이런 고민을 해결이라도 해주려는 듯 최근 이곳에 판매점이 오픈했습니다. 단통법 시행 이후 어떻게 될지 관심이 가는 부분입니다)

솔직한 생각으로는 오피스 상권 내 주동선에서 떨어져 있는 곳이니만큼 쉽지 않을 것 같습니다. 더구나 계단이 있고 없고에 따라서 소비자들은 심리적인 영향을 많이 받는데 이곳은 계단이 존재하고 있습니다. 편의점에서는 계단 한 칸당 약 4만 원의 일매출이 빠진다고들 이야기합니다. 그래서 보통 계단이 있는 곳보다는 도로와 인접한 평지 매장이 심리적으로 소비자들을 유인하는 데 더 효과적이라고 말합니다.

(4) 대학가 상권

대학가 상권은 대학가 주변에 번화가 상권과 함께 형성되는 경우가 많지만 경우에 따라서는 대학가만 존재하여 상권이 발달하지 못하는 곳도 있습니다. 대학가는 주로 10~20대 그리고 직장인이 주 고객입니다. 오피스 상권과 결합된 경우가 아니라면 유행과 가격에 민감하므로 저렴하고 실험적인 아이템이 적합하고 업종 순환이 빠른 특징을 갖고 있습니다. 이런 상권은 유행을 선도하는 의류, 액세서리 소품, 외식업의 경우 퓨전음식과 주점이 대세를 이루고 있습니다. 따라서 가격이 낮으면서도 수익성이 있는 아이템 개발이 필요하며 당구장, PC방 등의 휴게공간이 많이 눈에 띕니다. 대학가 상권은 역세권, 번화가 상권과 결합되지 않은 경우 방학기간의 비수기가 있으므로 유의할 필요가 있습니다.

통신매장도 예외는 아닐 것 같습니다. 특별히 위에서 언급한 복합상권이 아니라면 매장 입점에 대해서 신중을 기할 필요가 있습니다. 그럼 대학가 상권의 대표적인 곳은 어디일까요?

가장 먼저 홍대입구역 상권이 떠오릅니다. 그러나 홍대입구역 매장은 사실 복합상권에 더 가까운 곳입니다. 다양한 연령대들이 이곳으로 모일뿐더러 홍대 학생들만이 아닌, 많은 젊은 층들이 이곳으로 항시 모여들기 때문입니다. 이 때문에 대부분의 소매업종은 모두 잘 되는 편입니다. 통신매장도 예외는 아닙니다. 지도를 보면서 설명을 드리겠습니다.

지도 우측(홍대가 있는 곳)은 홍대입구역 8, 9번 출구를 중심으로 우리나라에서 손꼽히는 대학가 상권 중 한 곳입니다. 특히 주말 저녁에는 20~30대 젊은 층의 유입이 엄청납니다. 홍대클럽 또는 맛집, 소규모 길거리 공연 때문에 사람들이 몰려들고 있는 곳이죠. 덕분에 자연스레 유흥상권이 형성되어 복합상권으로 성장하고 있습니다. 임차료도 꾸준히 상승하

그림 2.7 대학가 상권 예시 - 홍대입구역

그림 2.8 홍대입구 메인동선

고 있어서 영세한 자영업자들은 점점 매장을 유지하기가 어려워지고 있습니다.

그래서인지 시간이 흐를수록 법인 업체들의 간판이 조금씩 늘어가고 있는 추세입니다. 당연히 권리금도 엄청 높게 형성되어 있습니다. 심지어 명도(토지 또는 건물을 소유한 부동산 점유자가 점유권을 타인에게 옮기는 것)를 당하게 되기도 합니다. 그럴 경우, 대부분 쫓겨나다시피 해서 건너편 연남동 또는 연희동 쪽으로 점점 이동을 하게 되면서 홍대역 상권은 점점 1, 2, 3번 쪽으로 이동하는 경향을 보이고 있습니다. 긍정적으로 보아야 할지는 의문이 들지만 홍대입구역 상권은 문화와 소비가 공존하는 특이한 대학가 상권이라고 생각이 됩니다.

현재 홍대입구역 상권 내 통신매장은 과연 몇 곳이나 될까요? 판매점을 제외하고 SKT 4곳, KT 4곳, LGU+ 3곳으로 통신매장이 특히 강경합을 하고 있는 곳입니다. 판매점까지 포함한다면 25곳 이상이 됩니다. 최근의 추세를 따라 예전에는 관심을 갖지 않았던 1~3번 출구쪽 라인도 향후에는 관심 있게 봐야 할 것 같습니다. 이곳의 부동산 매매건수가 증가하면서 전체적인 투자금액이 상승하고 있기 때문입니다. 홍대입구역을 담당하시는 분이시라면 더더욱 관심 있게 상권의 변화를 관찰하셔야 합니다.

유형별 상권

(5) 패션타운형 상권

　　패션타운이 형성된 지역을 패션타운형 상권이라고 합니다. 대표적인 곳으로 동대문, 남대문, 목동 로데오, 문정동 로데오, 신촌기차역 주변을 예로 들 수 있을 것 같습니다. 의류. 패션 등 특정 업종에 편중되어 다른 업종과의 소비 연계가 잘 되지 않는 특징을 갖고 있습니다. 쇼핑 중 휴식을 위한 커피 전문점, 베이커리, 패스트푸드점 등 간편한 이용이 가능한 업종이 주를 이루고 있는 곳이죠.

　　대부분의 유동인구는 10~20대 여성 층입니다. 통신매장과는 잘 어울리지 않는다는 느낌을 받으시죠? 맞습니다. 의류매장이 즐비해 있는 상권 내 통신매장은 성공할 확률이 다른 상권에 비해 높지 않습니다. 그러나 영등포 타임스퀘어나 여의도 IFC MALL, 그리고 일산 웨스턴돔과 같은 멀티플렉스 몰은 패션타운형 상권과는 다른 형태의 상권이므로 검토를 신중히 해볼 필요가 있습니다. 멀티플렉스 몰은 의류매장뿐만 아니라, 주변 배후가 탄탄한 오피스 및 주택배후를 포함한 소비상권이므로 다양한 객층이 유입되기 때문입니다. 물론 특성화된 상권이기 때문에 임차료가 높은 단점은 있습니다. 그리고 임대차 계약을 진행할 때 건물관리 규정 및 기타 사항에 대한 독소조항(임차인 입장에서 불리한)들이 많기 때문에 계약 체결 시까지 어려움들이 많이 있을 수 있습니다

(6) 신도시 상권 (신규 택지지구)

① 신도시 상권의 특성

　　신도시는 국가가 계획과 의도를 가지고 새롭게 개발한 도시라고 할 수 있습니다. 분당을 포함한 5대 신도시 즉, 일산 신도시, 평촌 신도시, 산본 신도시, 중동 신도시와 안산의 고잔지구, 부천의 상동지구 등이 대표적인 신도시 즉, 계획도시라고 할 수 있습니다. 최근 새롭게 개발 또는 성

장하고 있는 서울, 수도권내 신도시는 마곡지구, 위례지구, 동탄, 광교, 평택 소사벌지구, 포승지구, 고덕지구, 서창지구, 김포 구래지구, 인천 영종도 등 이외에도 지속적으로 개발 계획이 진행 중이거나 논의되고 있는 곳이 상당 수 있습니다.

　신도시 상권은 기존에 없던 상권이 완전히 새롭게 생겨난다는 것을 의미합니다. 따라서 신도시 내의 상권에 매장을 출점할 때는 상가가 형성되는 곳을 보고 쉽게 출점하기보다는 신도시 전체를 두고 넓은 시선으로 판단해야 합니다. 보통 신도시가 형성될 경우, 수많은 외부유입 인구가 생겨나게 되지만 인구 유동량은 시간이 지남에 따라 정착되는 경향이 있습니다. 따라서 분양업자나 부동산 중개업자의 말에 섣불리 매장을 계약했다간 자칫하면 계륵 같은 매장이 돼버릴 수도 있습니다. 인구 유동량이 그곳으로 흐르지 않을 수도 있기 때문입니다.

　물론 선출점 선계약을 통한 매장개설이 이익을 주는 면도 있습니다. 그러나 보통은 시간을 두고 천천히 사람들의 생활과 소비패턴을 면밀히 검토해 본 다음, 동선을 꼼꼼히 파악하고 나서 매장개설을 하는 게 더 이득일 때가 많습니다. 이미 기존에 건설된 신도시들의 상권 흐름을 분석하는 것도 많은 도움이 될 것입니다.

　신도시 상권에는 3가지 장점이 있습니다. 첫째, 계획도시이므로 상권이 한곳에 집중되어 있는 경우가 많습니다. 따라서 자연스럽게 상권 지역에 인구가 모이게 됩니다. 둘째, 새로 생긴 곳이기에 권리금이 없습니다. 이는 많은 신도시 상권들의 가능성에 비해 진출 장벽을 낮출 수 있다는 장점을 부여합니다. 셋째 건설 업체 및 분양 업체, 또는 부동산들이 신도시에 대해 적극적인 홍보 및 마케팅을 할 때가 많습니다. 그에 따라 주변 시민들이 상가 정보를 쉽게 접할 수 있게 됩니다. 그 외에도 부수적인 또 다른 장점이 있다면 신축 상가라는 이미지가 주는 효과가 있습니다.

　그러나 앞서 말씀드렸듯이 신도시의 인구 유동량 및 핵심동선은 시간에 따라 차츰 정해지게 되고, 때에 따라 의도한 바와는 완전히 다른 방향으로 인구 유동량 및 핵심동선이 정해지기도 합니다. 즉, 거주인구를 예측해서 어느 정도 크기의 상업지역을 설정했는데 예상보다 거주인구가 적어질 때도 있고, 거주인구는 많은데 상권이 엉뚱한 곳에서 활성화되는 경우가 발생하기도 한다는 것입니다.

결국 신도시의 상권은 미래를 예측해서 형성되는 것이기 때문에 막상 신도시가 생겨나고 나서는 의도했던 바와 전혀 다른 결과가 나타날 수도 있다는 점을 아셔야 합니다.

최악의 경우, 수요 예측에 의해 세워진 신도시 내의 여러 상권 중 가장 번화하고 인구 유동량이 많은 상권 한두 군데만 빼고는 신도시 내의 다른 상권들이 죽는 경우도 발생하고 있습니다. 이는 수요 예측에 따른 상권이 실제로 주민의 필요에 기여하지 못할 때 나타나는 현상입니다. 또 다른 이유로는 상업용 건물의 수익률이 높기 때문에 건설업체가 무리하게 상권을 확장했을 때 일어나는 결과이기도 합니다.

② 신도시 상권 내 매장 출점 방법

- 신도시 내 지하철 또는 버스 터미널, 대중교통이 집중될 수 있는 상권을 찾아내는 것이 좋습니다. 대개 이런 곳은 지도 상에서 볼 때 전체 신도시의 중심에 위치하고 있습니다. 또한 수도권 내에 신도시가 생기는 경우, 지하철역이 한 군데 이상 되는 경우가 많습니다. 이 때는 인구 유동량을 조사하는 것이 가장 정확합니다. 지하철역 중 어느 지하철역을 사람들이 가장 많이 이용하는지 분석하고, 이 지하철역에서도 몇 번 출구를 가장 많이 이용하는지를 분석하는 것입니다.

- 신도시로 들어오는 도로는 보통 큼지막한 대로로 이뤄집니다. 그러나 대로변 입지보다는 신도시 상권의 중심으로 들어오는 작은 도로의 초입이 더 입지가 좋은 경우가 많습니다.

(통신매장의 특성상 고객들에게 잘 보이는 곳에 위치한 대로변이 나을 수 있다고 생각하시는 분도 있을 것 같습니다. 그러나 통신매장이

그 상권에 하나만 있는 경우가 아니라면-독점성이 매우 강한 매장이 아닐 경우- 좋지 않은 선택입니다. 가시성은 좋으나 접근성이 나쁘기 때문입니다. 대로변에 있는 핸드폰 매장까지 찾아오는 손님은 드뭅니다. 물론 예외적으로 신호등 또는 대중교통의 정류장이 있는 경우라면 가능할 수도 있다고 생각합니다)

- 대형 할인마트, 백화점, 멀티플렉스 등 인구 유동량이 많을 것으로 예측되는 곳의 입지를 찾아야 합니다. 유의할 점은 특정 업종이 집중된 곳을 피해야 한다는 것입니다. 보통 인구 유동량이 많은 곳에는 유흥 또는 먹자 상권이 집중적으로 형성된 곳이 있습니다. 이런 곳에 통신매장을 세운다면 매출을 기대하기는 어렵습니다.

- 이 세 가지 상권 외에 다른 지역을 택해야 할 경우 주거지역에 가까운 상가가 좋습니다. 대상을 거주민들로 축소하는 것이죠. 대박은 힘들지만, 안정적인 매출을 올릴 수 있을 것이라 예상됩니다. 보통 통신매장은 5,000세대당 1곳의 매장 출점을 기준으로 진행하게 됩니다. 참고하시기 바랍니다.

그 이상 또는 그 이하로 세대가 거주할 경우, 내부 의사결정을 통해 출점 여부를 결정하면 될 것 같습니다. 이렇게 매장 출점을 하게 됐을 때는 신도시 상권이라기보다는 주택가 상권으로 보는 게 더 정확하기 때문에 아파트의 평수가 20~30평대인 곳에 자리 잡는 것이 좋습니다. 가장 소비력이 왕성한 젊은 세대들이 입주할 가능성이 높기 때문입니다.

③ 신도시 상권에 컨버전스 매장을 오픈하다

제가 신도시 상권 내에 최근 매장을 오픈했던 곳 중에 인천 논현동 (논현역 인근상권)과 송도 신도시, 그리고 청라지구가 있습니다. 인천의 송도 신도시와 청라지구는 지속적으로 성장하고 있는 상권이라고 말하기는 쉽지 않지만, 안정적인 매출을 올리는 메인 핵심상권은 정해져 있고 그곳은 이미 높은 권리금이 형성되어 있습니다. 다만 경기침체로 기존 임차인들이 가게를 급하게 내놓은 경우가 빈번하게 발생하고 있는 상황입니다.

그렇다면 메인 핵심상권 내 권리금을 주고 들어갈 것인지, 아니면 외곽의 아파트 밀집 단지를 들어갈 것인지 고민이 되겠지요? 그러나 상권을 공략하는 법은 아직 변하지 않았습니다. 신도시 상권은 중심에 위치한 상권을 공략하는 것이 핵심이며, 대로변보다는 이면도로로 진입하는 초입을 노리는 것이 중요합니다. 특히 초보 창업자의 경우, 신도시 생성초기보다는 비용 부담이 있더라도 상권 윤곽이 드러난 후 안정적으로 출점하는 것이 성공적인 매장개설을 위한 방법일 수 있습니다.

인천 논현동은 떠오르는 상권 중 하나입니다. 가보시면 아시겠지만 통신매장이 주요 핵심동선에 즐비하게 운영되고 있습니다. 그만큼 수요가 많다는 이야기겠지요, 다만 우려되는 것은 통신매장이 강경합을 하게 되어 그곳의 권리금과 임대료가 자연스럽게 높아져 있다는 점이었습니다.

이곳을 진행하면서 메인 중심상권 내 한 곳과 중심상권에서 떨어져 있는 곳에 한 곳을 개설하였습니다. 메인 상권 내 매장은 그 자체로 유입인구가 발생하여 매출이 꾸준하였지만 다른 상권은 지속적으로 상권이 형성되기만을 기다려야 했습니다. 고민하던 중, 외곽 매장을 컨버전스 매장으로 변경하기로 결정했습니다. 그랬을 때 사람들이 조금씩 내점하기 시작하면서 실적이 증가 추세로 바뀌었습니다. 왜냐하면 그곳이 컨버전스 매장 1호점이었기 때문입니다. 사람들에게 궁금증을 유발한 것이 장점이 된 것입니다.

아래 지도에서 보면 A라고 표시된 곳이 상가밀집 지역입니다. 메트로상가와 중앙프라자를 중심으로 사거리 이면까지 넓게 형성된 상권은 주변 아파트 거주민들의 힘을 얻어 점점 더 상권이 확장되어 가고 있는 추세입니다. B라고 표시된 곳이 점점 더 상권이 확장되고 있는 곳입니다. 홈플러스가 운영 중이며, 계속적으로 신축상가들이 들어서고 있습니다. 여기에 CGV가 들어선다면 젊은층의 유동은 A에서 B로 점점 더 이동할 것으로 보입니다. 물리적인 시간이 어느 정도 필요하겠지만요.

이곳은 현재 대로변을 중심으로 대형 판매점이 대부분 전략적 상

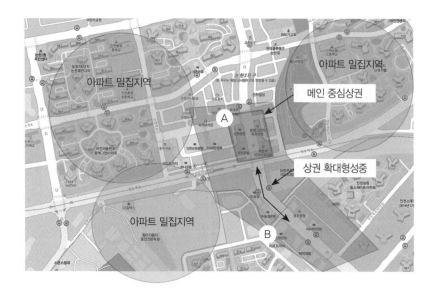

그림 2.9 신도시 상권 예시 - 인천논현동

그림 2.10 인천논현동 핵심상권의 모습

권 내 코너매장을 선점하고 있는 상황입니다. 판매점들이 밀집하고 있다는 이야기는 이 상권에서 꾸준히 수요가 발생하고 있다는 의미로 해석될 수 있겠죠? 이 상권 또한 전형적인 신도시 상권으로 중·장기적인 관점에서 전략적인 상권운영이 필요하다고 생각됩니다.

유형별 상권

(7) 유흥가 상권

　　유흥가 상권과 통신매장은 극과 극이라는 건 아마 잘 알고 계실 겁니다. 이 때문에 대부분의 유흥가 상권 내에는 통신매장을 찾아보기가 굉장히 어렵습니다. 단순하게 생각해서 유흥가는 술 마시고 회포를 풀고자 하는 사람들이 모이는 곳입니다. 이들의 니즈는 주로 모임과 스트레스 해소에 맞춰져 있기에 휴대폰 단말기에 대한 생각은 많지 않습니다. 전형적인 유흥가 상권에는 통신매장 입점을 하지 않는 것이 맞습니다.

　　그러나 복합상권(오피스 + 유흥가, 주택가 + 유흥가, 역세권 + 유흥가)이라면 통신매장 입점은 긍정적으로 생각해도 될 것 같습니다. 주야간 시간대 유동객이 꾸준하고 객층에 따른 차별화된 마케팅도 가능하기 때문입니다.

3

소설로 보는 실전 매장개설

－ 이제 이론을 아셨으면 본격적으로 실전 매장개설에 들어가야 할 차례입니다. 그전에 독자 분들의 이해를 돕고자 제가 실제로 진행했던 매장 개설 건들에 대한 경험담을 소설로 풀어보았습니다. 읽어보시면 아마 매장개설에 필요한 실무적인 진행 사항들에 대하여 좀 더 잘 알 수 있을 것입니다.

소설로 보는 실전 매장개설

1

본사 직영 컨버전스 매장의
개설 / 부천역(북부)

(1) 조맴, '통신매장 개설업무'를 맡다

① 얼떨결에 맡게 된 통신매장 개설업무

유난히도 화창한 토요일 이른 아침, 조맴(본명은 조민우. 조맴은 별명이지만 지금은 이름처럼 굳어져 버렸다)은 청계산을 오르기 위해 배낭을 챙기고 집을 나섰다. 처음엔 건강을 챙기고자 시작한 산악동호회였지만, 어느새 조맴은 산이 주는 매력에 푹 빠져버리게 되었다. 숲의 맑은 공기가 주는 청량감, 그리고 푸르른 산과 나무를 보는 재미에 자신도 모르게 산에 빠져든 것이다. 푸르른 하늘을 벗 삼아 한 걸음씩 걷다 보면 산을 오르는 길이 그렇게 즐거울 수가 없었다.

"조맴~ 천천히 갑시다. 오늘따라 왜 이렇게 빠른 거야~"

"하하. 김 부장님. 느려지셨네요. 처음엔 저보고 얼른 오라고 그렇게 보채시더니~"

"이 사람이, 아 젊은 사람이 나이든 사람을 생각해줘야지."

"알겠습니다~"

김 부장님이 거친 숨소리를 내며 잠시 투정(?)을 부리자, 조맴도 잠깐 걸음을 멈췄다. 하긴, 어차피 정상에 올라갈 때는 혼자 가는 것보다는 함께 정상에 오르는 게 더 기분이 좋은 법이다. 조맨은 김 부장님과 함께 가파른 경사길을 올랐다. 이 곳만 오르면 드디어 정상이었다. 정상에 올라 조그맣게 변해버린 도시를 바라보다 보니, 조맨은 참 작은 곳에서 치열하게 살아간다는 생각이 들었다.

조맨은 산밑에서 싸온 떡과 물을 동료들과 나눠 먹으며 산정상의 바람을 맞았다. 동료들과 함께 셀카도 찍고 조밀조밀 모여있는 시내도 카메라에 담아보았다. 생각해보니 참 이곳도 많이 변한 것 같다. 불과 20년 전만 해도 이 시내가 전부 논과 밭이었는데 어느새 이렇게 발전을 했는지…….

"저기, 저기에 우리 매장 하나 개설했어야 했는데….."

김 부장님이 떡을 우물우물 씹어 삼키고는 아쉬운 목소리로 혼잣말을 하셨다. 옆에 있던 이 대리도 맞장구를 쳤다.

"맞아요. 지금은 권리금이 너무 올라서 힘들 것 같아요. 지하철역이 개통되기 전에 미리 오픈을 해두는 거였는데 말이에요….."

"그러게 말이야….."

김 부장님은 씁쓸한 듯, 산 밑 조그마한 시내를 가리키며 말을 잇지 못하셨다. 그도 그럴 것이 김 부장님은 이번이 마지막 등산이었다. 개인적인 사정 때문에 곧 회사를 관둬야 했기 때문이었다. 하지만 김 부장님은 괜히 자신 때문에 분위기가 침체되는 것이 싫으셨는지 금방 활기찬 목소리로 다시 외치셨다.

"뭐, 내 뒤에 더 잘하는 사람이 오겠지! 이 대리도 그럼 잘해봐. 꼭 저기에 매장개설하라고~"

"넵! 알겠습니다!"

이 대리가 김 부장님에게 씩씩하게 경례를 올리자 모두들 웃음을 터뜨렸다. 덕분에 분위기는 순식간에 활기차게 변했다.

'매장 개설은 어떻게 하는 걸까?'

소설로 보는 실전 매장개설

조맴은 산을 내려오면서 문득 궁금증이 생겼다. 김 부장님은 매장 개설의 프로였다. 그가 개설한 매장은 보통 평균 이상의 매출을 올리고 있었다. 어떻게 그렇게 좋은 입지를 귀신같이 발견해내는지, 또 좋은 가격에 협상해내는지 알다가도 모를 노릇이었다. 그런 김 부장님의 뒤를 매장 개설 담당자는 누가 될지, 조맴은 갑자기 궁금해졌다.

월요일 아침.

회사에 출근해 보니 김 부장님의 빈 자리가 유난히 크게 보였다. 조맴도 그렇고 김 부장님의 부재에 모두들 아쉬워하는 눈빛이었다. 그러나 아쉬워할 새도 없이 곧바로 회의에 들어갔다. 김 부장님의 뒤를 이을 후임 담당자를 세우는 회의였다. 조맴이 자리에 앉고 얼마 안 있어 팀장님이 들어왔다. 팀장님은 자리에 앉자마자 본론부터 꺼냈다.

"에, 모두들 알고 계시겠지만 김 부장님이 사정이 생겨서 본의 아니게 퇴직을 하게 되었습니다. 그런데 아직 매장개설 전문 담당자가 세워지지 않았습니다. 따라서 소매유통망 관리를 위해 신규매장 개설 및 기존 매장 재계약 관련 업무를 김 부장님 대신 담당해 주실 분이 필요할 것 같습니다."

팀장님의 침묵이 이어지자 모두들 침을 삼키는 소리가 들려오는 듯했다. 이윽고 팀장님이 입을 열었다.

"조맴."

"네?"

"조맴이 이 일을 담당해줬으면 좋겠다는 생각이 들었습니다."

조맴은 순간 자신의 귀를 의심했다. 너무 뜻밖의 소식이라서 입을 제대로 떼지 못하고 있는데 팀장님은 연달아 말을 이어나갔다.

"조맴은 등산을 많이 해서 에너지도 넘치는 데다가 상권조사도 잘 할 거 같아요. 또 사교성이 좋으니까 건물주와 관계도 잘 맺을 것 같습니다."

"네? 아니, 제가 어떻게 이런 일을. 저는 상권분석은 한 번도 해본

적이 없는데요?"

조맴의 등에서 식은땀이 나는 것 같았다. 그러나 팀장님은 차분하게 조맴을 바라보며 이야기했다.

"전에 청계산 갔을 때 나한테 물어본 거 기억 안 나요?"

"네? 아~ 그…."

조맴은 몇 주 전에 팀장님과 함께 청계산을 오르며 상권에 대해 물어봤던 것을 떠올렸다. 아침부터 청계산역 2번 출구를 이용하는 사람들이 무척이나 많은 것에 갑자기 호기심이 생겨서 물어본 것이었다. 평소에는 지나쳤던 출구였는데 그날따라 그냥 그게 궁금했다.

팀장님은 잘 알고 있는 듯 능숙하게 청계산역 2번 출구를 중심으로 어떤 상가가 있는지를 죽 설명해주었다. 식당, 화장품 가게, 편의점, 등산용품가게, 부동산, 분식집 등등… 다양한 업종들이 즐비해 있었다. 물론 핸드폰 판매점도 몇 군데 존재하고 있었다.

'설마 그것 때문에 내게 맡긴 건가?'

조맴이 뭐라고 더 말하기도 전에, 팀장님이 조맴의 말을 끊었다.

"물론 조맴 혼자 하라는 건 아니에요. 이 대리를 붙여줄 테니까, 이 대리에게 도움을 받아가면서 실무경험을 쌓도록 해요."

조맴은 크게 안심했다. 이 대리는 김 부장님이 매장개설 실무 관련 업무를 집중적으로 가르치고 있던 김 부장님의 부사수였다.

"원래는 이 대리를 김 부장님 대신에 담당자로 세우려고 했는데, 아직 전체적인 경력이 부족하니까 조맴을 대신 대표로 세운 거라고 생각하면 돼요. 그렇다고 대충 할 생각은 하지 마요. 조맴은 앞으로 새로운 담당자가 올 때까지 이쪽 일만 대신 책임지고 맡아 하게 될 거니까요."

팀장님의 눈빛이 워낙 단호했기에 조맴은 이 일을 돌이킬 수 없다는 것을 금방 알 수 있었다. 팀장님은 한 번 정한 건 절대 바꾸지 않는 사람이었다.

"알겠습니다. 잘 부탁드립니다. 이왕 하는 거 신입직원의 맘으로 최선을 다해 현장 실무 경험을 쌓아보겠습니다."

"좋습니다. 그러면 김 부장님이 담당했던 지역 내 상권과 매장을 이 대리에게 잘 인수인계 받으셔서 업무에 차질이 없도록 부탁드립니다."

회의가 끝나고 자리로 돌아오자마자 이 대리가 말을 걸었다.

"조맵님. 잘 부탁드려요! 참고자료들을 좀 가져다 드릴게요. 읽어보시면 좀 도움이 되실 거예요~"

이 대리는 말이 끝나자마자 무섭게 책 몇 권과 한 무더기의 A4용지를 가져다가 조맵의 자리에 내려놓았다. 조맵은 쓴웃음을 지을 수밖에 없었다.

"고마워. 이 대리. 잘해보자구."

"네. 원래 김 부장님이 하시던 곳은 서울의 강서지역, 인천지역이에요. 기존매장 관리뿐 아니라 우수한 신규매장을 발굴하여 시장의 소매 M/S(시장점유율 - Market Share)를 확보해 나가는 게 저희의 주 업무라고 생각하시면 됩니다."

"그래. 한 번 읽어볼게."

"넵!"

이 대리가 씩씩하게 대답을 하고는 자리로 돌아갔다. 조맵은 한숨을 쉬고는 이 대리가 놓고 간 A4용지들을 천천히 뒤적거리기 시작했다.

② 매장개설은 상권분석부터

"이게 도대체 무슨 말이지…."

조맵은 이 대리가 주고 간 글이 도대체 뭔지 도저히 알 수가 없었다. 일단 담당지역 내의 임·투자 매장 목록 리스트가 있었는데 검은 건 글씨, 흰 건 종이라는 사실밖에는 알 수가 없었던 것이다.

임대차계약서며 권리양수도 계약서 그리고 등기부등본, 토지대장, 건축물대장, 토지이용계획 확인원, 감정평가서, 근저당권 설정계약서 등등, 무슨 서류가 이렇게나 많은지……

기존 매장 히스토리라고 적힌 종이들도 도무지 무슨 말인지 알 수가 없었다. 법무사 사무실 직인이 찍힌 임대보증금에 대한 담보설정(근저당권 설정, 전세권 설정, 임차권 설정), 그리고 은행 지점장의 도장이 찍힌 질권설정 서류, 서울보증보험에서 발급한 보증보험 증권까지, 어느 것 하나 들어보지도 못한 계약서들이었다. 또 어떤 종이에는 5년계약을 하고 3년차부터 임차료 협상이라고 되어 있는데 임대인과 협상은 어떻게 해야 할지 막막하기만 했다.

문제는 내용을 이해하기도 어려웠지만 매장의 임대차계약서 양식이 제각각 다르다는 점이었다. 어떻게 매장마다 동일한 문구로 체결된 것이 없는지, 특약사항은 매장마다 다르고 복잡했다. 제소전 화해 조서는 또 뭐란 말인가??

'김 부장님은 이런 걸 여태까지 실수 하나 없이 잘 해오고 계셨던 거구나……'

매장 하나 계약하는 데 이렇게 많은 손이 갈 줄은 생각도 해보지 않았던 터라 조맴의 몸에선 자기도 모르게 긴장감이 감돌기 시작했다. 그래도 이대로 가면 안 되겠다 싶어서 이 대리를 불러서 대략적인 설명을 듣기 시작했다.

그렇게 어느덧 두 시간이 지나자, 조맴은 필수 서류들에 대해 간신히 개념 정리 정도는 할 수 있었다. 그러면서 사라졌던 자신감이 조금씩 다시 살아나기 시작했다.

"좋아. 이 정도면 어느 정도는 안 것 같은데, 어때 이 대리?"

"네. 그렇네요~ 그럼 저랑 오늘부터 바로 실무 경험을 쌓으러 가보실까요?"

"벌써?"

"그럼요~ 직접 상권과 입지를 눈으로 봐야 실력이 느는 법이니까요. 알고 계시겠지만 매장개설의 기본은 상권분석에서 시작됩니다."

"그래…. 좋아! 까짓것 해보면 되겠지!"

소설로 보는 실전 매장개설

(2) 컨버전스 매장과 상권의 연관 관계

둘은 차를 몰고 서울을 벗어나기 시작했다. 이 대리가 조맴에게 상권분석의 기초를 알려주기 위해 택한 곳은 바로 부천역이었다. 현재 부천역에는 이 대리와 김 부장님이 계약에 성공한 매장이 높은 매출을 올리고 있었기에 조맴이 상권분석을 알기 위해서 가장 적합한 곳이라고 할 수 있었다. 그런데 부천 역으로 향하는 도중에도 이 대리는 열심히 종이를 보고 있었다. 조맴이 운전을 하겠다고 우겼던 터라, 결국 이 대리가 옆에 앉았기 때문이었다. 조맴이 궁금한 듯 이 대리에게 물었다.

"이 대리 뭘 그렇게 열심히 보고 있어?"

"아~ 군포역을 다녀왔는데요. 저희 매장이 하나도 없더라구요. 경쟁사만 있구요. 그래서 그곳에 우리 매장이 출점가능한 후보점을 타겟팅 해봤어요. 그걸 지금 지도로 보고 있는 중이에요."

"그런 것들은 어떻게 하는 거야?"

조맴이 신기한 듯 묻자 이 대리가 웃으며 대답했다.

"어려운 거 아니에요~ 열심히 현장에서 발로 뛰는 게 가장 중요해요. 근처에 있는 부동산들마다 들러서 열심히 명함을 돌리는 거죠. 그러면서 좋은 매장 좀 소개해 달라고 부탁하면 됩니다. 그리고 거기서 연락 오는 것들 중에 괜찮은 것들을 알아내는 거죠. 물론 기본 상권 분석 데이터는 가지고 있어야 해요~ 그래야 분석한 데이타를 기준으로 입지조사를 할 수 있으니까요."

"뭐부터 하라고? 이 대리 차근차근 이야기를 좀 해줘~"

"조맴 님. 걱정 마세요. 그렇지 않아도 조맴 님께 인수인계 할 리스트 만들어 놓았습니다. 제가 있는 동안 인수인계 해 드리려고 건물주와 해당 로컬 부동산에게도 미팅 일정 잡아 놓았고요. 우선은 지금 가는 부천역에만 집중하세요. 부천역만 잘 봐도 많은 것을 배우실 수 있을 겁니다. 조금 있다가 부천역에 도착하시면 이것 좀 읽어보세요."

이 대리는 조맴의 옆에 두툼한 종이를 툭 내려놓았다.

"이게 뭐야?"

"현장 실사를 나가시기 전에는 주변 상권도와 통신매장 위치 및 실적을 파악해서서 나가는 게 편해요. 그래야 현장에 도착하면 통신매장이 입점해 있는 상권의 특성을 어느 정도 이해할 수 있게 되거든요. 오늘은 처음이니까 제가 상권지도를 뽑아왔어요. 다음에는 조맴 님이 한 번 뽑아 와 주세요~ 지도기반 시스템 사용법만 숙지하면 지역의 상권도와 경쟁사 위치를 포함한 통신매장 현황을 출력할 수 있으니까요."

"그렇군. 알겠어."

이런저런 이야기를 하다 보니 둘은 어느새 부천역에 도착하게 되었다. 현장에 도착한 조맴과 이 대리는 차량을 주차하고는 부천역 주동선을 따라 천천히 매장으로 걸어가기 시작했다. 부천역은 몇 번 와보았기에 낯선 곳이 아니었음에도 불구하고 상권분석 및 매장계약을 위해 왔다고 생각하니, 갑자기 주변이 색다르게 보이기 시작했다. 이윽고 이 대리가 말을 꺼냈다.

"부천역은 김 부장님과 제가 관리했던 핵심상권 중 하나라고 할 수 있어요. 인구 유동성이 굉장히 높은 곳 중 하나거든요. 이런 전략적 요충지를 잘 공략해서 우수매장을 확보하는 일은 아무리 강조해도 지나치지 않습니다."

"그래. 이 대리 말대로 정말 사람들이 많네."

"네. 여긴 복합상권 지역이라서 하루종일 사람들의 유동량이 끊이지 않는 곳이죠."

둘이 이야기를 나누는 동안에도 많은 사람들이 둘의 곁을 지나가고 있었다. 그렇게 조금 걷다 보니 드디어 이 대리가 계약한 매장을 볼 수 있었다. 조맴은 매장을 보자마자 자기도 모르게 탄성을 내질렀다.

"여기가 김 부장님과 함께 오픈한 매장인가? 어떻게 이렇게 좋은 매장을 얻었지?"

"말도 마세요. 사실, 지금에서야 웃으면서 말씀드릴 수 있지만, 최초에 이 곳에서 매장개설을 할 때는 정말 많은 우여곡절이 있었습니다."

"쉽지 않았을 것 같은데… 대단해. 이 대리."

매장은 부천역에서 나오면 바로 보일 만큼 가시성이 좋은 곳에 큼지막하게 자리 잡고 있었다. 게다가 인구 유동량도 특별히 많은 곳이어서 매장 앞으로 끊임없이 사람들이 지나다니는 것을 쉽게 알 수 있었다.

"매장도 굉장히 넓고 멀리서도 한눈에 보이는데~ 정말 좋은 매장인 거 같아."

"서울 수도권 지역 내 전략적 상권운영을 위해 우수매장을 확보하는 일은 정말로 중요해요. 이런 매장을 앞으로 계속 늘려가야 합니다."

"말해줘. 이 매장을 어떻게 얻은 건가?"

"넵. 이야기가 길어질 것 같으니, 밥을 좀 먹으면서 이야기를 나눠볼까요?"

"그래. 그게 낫겠군."

둘은 근처에 자리 잡고 있던 설렁탕 집으로 향했다. 점심시간이 돼서였는지 벌써 식당에는 사람들이 북적북적 거리고 있었다. 문득 조맴은 설렁탕집의 입지도 좋다는 생각을 하게 되었다. 좋은 입지에 자리하고 있으니 사람들이 많이 오가는 것이라 생각이 든 것이다. 이 대리는 금방 나온 뜨끈한 설렁탕 국물에 밥을 말아 한 숟갈 떠먹고는 말을 이었다.

"이 매장을 얻었을 때는 사실 저도 부천역을 처음 담당했던 터라 막막했습니다. 그래도 가만있을 수는 없으니 일단 무작정 부딪쳐보자는 마음으로 여기저기 로컬부동산을 다녀봤죠. 그렇게 상권 내 매장 히스토리를 들으며 정보를 쌓아가자 우리 매장이 들어갔으면 좋을 것 같은 후보 매장을 한두 개 타겟팅 할 수 있었습니다. 그러나 지금 보시는 이 매장은 그 때 당시 부동산에 나와있던 매물은 아니었어요~"

"그래? 그런데 어떻게 계약을 하게 된 거지?"

"시간대를 달리해서 주변 상권 내 인구 유동량과 유동의 흐름을 파악했어요~ 그리고 역세권과 유흥가 상권이 다가 아니고 주변 배후세대의 출·퇴근 동선이 형성되어 있다는 사실을 알게 되었지요. 그리고 부천대학의 학생들이 대중교통 및 도보로 이동하는 이동경로를 확인할 수 있었습니다. 그래서 몇 개의 후보점을 다시 타겟팅하고 로컬 부동산으로 발길을 옮겼습니다."

"처음에 타겟팅한 매장은 결국 맘에 들지 않았던 건가?"

"그렇죠. 역세권은 유동인구가 흐를 수가 있어요. 그래서 흐름을 잘 파악해야 해요~ 그리고 유흥가는 통신매장과 어울릴 수 없기 때문에 유흥가 상권 안으로 들어가는 것은 피해야 합니다. 그래서 그걸 감안해서 다시 신중하게 조사를 해본 겁니다."

"그렇구만."

"그리고 매장전면이 넓을수록 사람들에게 잘 보이고 신뢰감을 줄 수 있습니다. 그렇기 때문에 매장 입지는 가시성과 접근성이 정말 중요합니다. 매장은 보통 한 칸당 4 m정도 해요~ 실면적은 약 10평 정도 하구요~ 그리고 인도와 도로를 구분하는 보도블럭 끝에 있는 경계석은 개당 1 m에요. 그러니까 매장간 거리 및 매장 전면거리를 확인할 때는 경계석의 개수를 더하면 됩니다. 1 × 10 = 10 m 이런 식으로요~ 이 매장은 16 m 정도 하더라구요~ 가시성 하나는 정말 끝내주는 매장이죠."

"그럼 이 매장은 도대체 어떻게 계약하게 된 건가?"

"저기 부동산 보이시죠? 거기에 무작정 갔습니다. 그리고 이 매장 저 매장 저희가 인수하고 싶다고 매장정보를 확인해 줄 것을 요청했죠."

이 대리는 설렁탕집 유리에 손가락을 대며 어느 건물 2층에 있는 부동산을 가리켰다.

"처음에는 허풍이라 생각했는지 부동산 사장님이 저를 위아래로 훑어보더니 대꾸도 없이 나가버렸지 뭡니까? 하하, 그래도 포기하지 않고 일주일에 2번 이상을 꾸준히 그 부동산에 찾아갔습니다. 그와 더불어 부천역 상권에 대한 정보를 얻어 갔죠~"

소설로 보는 실전 매장개설

"다른 부동산에 가면 되지. 그곳만 집중적으로 간 이유가 있나?"

"다른 부동산들도 찾아갔지만 그 매물을 어디서도 찾을 수가 없었거든요. 왠지 그 부동산 사장님이 자신만만해 하시는 게 거기 있을 것 같다는 느낌을 받았죠. 그렇게 친해지기 시작하니까 결국 사장님께서 말씀하시기 시작했어요. 이 동네 대부분의 건물주와 임차인의 정보를 속속들이 알고 있었더라구요. 여기서 부동산 업무를 하신 지 아주 오래된 분이셨던 거예요~ 지금의 매장이 있는 건물 또한 이 부동산이 전속으로 관리하고 있는 곳이었습니다. 다시 말해 이 부동산을 통하지 않고서는 임대차계약을 체결할 수 없었던 거죠."

"부동산 사장이 그렇게까지 막강한 힘을 갖추고 있나?"

부동산 사장은 어디까지나 중개업자일 뿐이고 계약을 체결하는 사람들이 더 중요하다고 알고 있던 조맴에게는 이 대리의 말이 생소하게 들렸다. 이 대리는 깍두기를 한 입 베어 물고 숟가락으로 밥알이 섞인 설렁탕 국물을 떠 먹고는 다시 말을 이었다.

"강남의 기업형 컨설팅 담당자들보다 현장의 히스토리는 로컬 부동산이 더 많이 알아요~ 물론, 모든 말을 100% 믿을 수는 없지만, 조금씩 필터링하면서 듣고 있습니다."

"그렇구만. 처음 안 사실이야. 아무튼 부동산이 입을 열기 시작해서… 그리고 어떻게 된 건가?"

"화장품가게 사장은 다른 곳으로 이사하고 싶은 맘이 있다고 했습니다. 그리고 미용실은 임차료 부담이 되어서 1, 2층 전체를 사용하기보다는 1층을 내놓고 2층만 사용하고 싶다고 말을 한 상태였죠. 그래서 부동산 사장에게 권리금 조율을 부탁했습니다. 구체적인 계약 사항도 확인해 보도록 요청했고요."

"그래… 그 다음엔 물론 거래할 건물에 이상이 없는지 살펴봐야 하는 거겠지?"

"그렇죠~ 조맴 님도 이제 조금 감이 잡히셨나 보네요. 일단 사무실에 돌아와 후보매장에 관한 공부서류를 하나씩 출력하여 체크해 보았습니다. 등기부등본을 통해 매장의 문제는 없는지, 선순위 채권설정은 얼마나 되었는지, 토지대장, 건축물대장을 통해 건물의 문제는 없는지, 토지이용계획 확인원을 통해 주변상권의 변동은 없는지, 이런 것들을 모두 확인해 봤죠. 다행히 모두 이상 없었습니다. 물론 문제가 있긴 있었습니다."

"무슨 문제인가?"

"조맴 님도 좀 드세요~ 저만 먹으니까 조금 민망하네요~ 하하,"

"그래. 알았네."

정신 없이 이 대리의 말을 듣고 있다 보니 조맴은 밥 먹는 것도 깜빡 잊고 있었던 것이다. 조맴은 미지근해진 설렁탕에 말아진 밥을 한 숟갈 떠먹었다. 그 모습을 본 이 대리가 다시 말을 이었다.

"다음 날 현장을 방문했을 때 왠지 느낌이 불안했는데 아니라 다를까? 권리금이 엄청 높더라구요~ 주변시세보다 1.5배는 더 달라고 하지 뭡니까? 다행히 제가 아는 후배가 화장품 본사에서 매장개설 업무를 하고 있었던 터라 이곳 매장에 대한 히스토리를 들을 수 있었습니다. 사실, 저희가 인수계획이 있다고 말하면 가르쳐 주지 않을 것 같아서 그 매장이 어떤 형태로 운영되고 있는지를 먼저 확인한 것이죠~"

"그렇구만. 그런 요령도 필요한 거였어."

"네. 그 가격에 계약을 할 순 없었으니까요. 그 매장이 시장에 나와 있지 않았지만, 우리는 사장의 심경변화가 있던 시점을 정확히 파악하여 권리금 조율에 들어갈 수 있었습니다. 결국 주변시세만큼 조율을 해낼 수 있었죠. 그런데 당황스러운 것이 또 있었습니다."

"돈 문제인가? 왠지 그럴 것 같은데?"

"네. 맞습니다. 권리금 협상을 하면서 사장님이 세금계산서 발급도 없이 원천징수도 없이 현금으로 지급해 줄 것을 요청한 겁니다."

"원천징수? 그건 뭐지?"

"국세청에서 권리금의 20%를 소득으로 인정하여 여기에 20%의 원천세율과 2%의 주민세를 매수인이 먼저 공제하고 지급하는 거에요~ 나머지 자세한 사항은 일단 다음에 설명드릴게요. 아무튼 그래서 권리금의 원천징수 때문에 계약이 안 될 수도 있었는데 다행히 사장님을 설득하여 법적으로 하자 없이 진행할 수 있었습니다."

"그렇구만. 대단해. 계약 하나를 하는 게 이렇게 복잡한 과정을 거쳐야 하는 거구만."

"그렇죠. 근데 재밌는 점은 개인간 직거래는 세금 신고 없이 통상적으로 진행되어 왔던 관행이 있어서인지 로컬 부동산 사장도 권리금에 대한 원천징수 세율을 모르고 계시더라구요. 그래서 열심히 설명해 드리고 공부시켜 드렸습니다. 나중에 다른 법인과 계약할 때 저에게 배웠던 법인회사의 기준을 숙지하고 나서 도움이 많이 됐다며 제가 고마워 하셨다니깐요. 하하~"

"부동산들도 모르는 게 있구만~ 만나면 이야기하는 게 다들 박사 같더니만… 곧이곧대로 믿으면 안 되겠어."

"네. 맞습니다. 부동산 중개업소가 우리보다 경험은 많지만, 실무지식에 대한 꼼꼼함은 부족한 경우가 있을 수 있거든요. 아무튼 이렇게 여차저차하여 화장품가게 사장과 권리조율이 끝나고 나니 미용실 사장님은 순순히 저희 쪽 의견에 수긍을 해 주셨습니다. 그분은 장사가 잘 안 돼서였는지 아니면 부동산 업무가 처음이라서 그러셨는지 순순히 권리계약 협의에 응해주셨죠."

"그래. 그렇게 해서 계약이 된 거구만."

"사실 계약할 때도 임대차 계약에 대한 수정 사항이 좀 많았습니다. 나중에 조맴 님도 계약을 할 때 이런 조건들을 꼼꼼히 보셔야 합니다. 건물주 분은 우리쪽 계약서가 아닌 건물자체 계약서를 사용하고자 하시더라구요. 그런데 내용을 보니 수정되거나 삭제되어야 할 부분들이 많았죠~ 저희 쪽에 불리한 내용도 많았구요. 법무팀 담당자와 긴밀한 협의를 통하여 꼼꼼하게 협의하고 체킹하여 무사히 계약을 마쳤습니다. 그리고 나서…"

"그리고? 아직 할 얘기가 남은 건가?"

"네. 계약이 끝났다고 해서 모든 게 끝나는 건 아니니까요."

이 대리는 그릇을 들어 마지막 남은 설렁탕 국물을 다 마셔버리고는 말을 이었다.

"저희는 가시성과 접근성 면에서 정말 좋은 매장을 얻었기에 컨버전스 매장(커피숍과 핸드폰 매장을 결합한 신개념 매장)을 열기로 합의했습니다. 그런데 생각보다 매출이 나오지 않는 상황이 계속됐습니다. 이유를 추측해 보니 매장 컨셉이 상권과 맞지 않는다는 결론이 나왔습니다."

"그건 무슨 말인가? 컨셉이 상권과 맞지 않다니?"

"주변배후세대의 소득수준을 감안하지 않았던 겁니다. 삼성역에 있는 컨버전스 매장보다 이곳이 매장면적에서나 레이아웃에서나 주변배후 면에서나 모든 게 탄탄했는데도 사람들이 매장 안으로 들어오는 것을 꺼려했습니다. 부담스러워 했던 것이죠. 이곳이 커피매장인지, 통신매장인지, 매장 앞에서 어슬렁거리다가 옆 매장으로 이동을 하곤 했습니다."

"그렇군. 그래서 지금처럼 다시 바꾼 건가?"

조맴도 마지막 남은 설렁탕의 국물을 숟가락으로 뜨면서 부천역 매장을 바라보았다. 매장은 컨버전스가 아닌 일반 직영점의 모습을 하고 있었다.

"그렇습니다. 2달을 못 채우고 일반 통신매장의 형태로 탈바꿈했지요~ 엄청난 인테리어 손실분을 껴 안은 채 말입니다."

"이 정도 인구 유동량이면 잘 될 것 같은데~ 보기와는 다른가 보군."

"네. 저도 이 매장을 오픈하면서 많은 것을 배웠습니다. 상권 내 유동인구가 많아도 주변배후세대의 소득수준을 간과할 수는 없다는 것을요 ~ 늘 익숙해져 있는 것에 자연스럽게 발걸음을 옮긴다는 것도 이때 알았습니다. 이런 사실 때문에 이곳은 프랜차이즈 업종이 대부분 입점해 있는

소설로 보는 실전 매장개설

상황입니다. 저희도 그걸 좀 더 빨리 알아챘어야 했죠."

"비싼 값을 치르고 배웠구만."

"그렇습니다. 저희도 일반 통신매장으로 컨셉을 바꾸고 나니깐 매출이 더 잘 나오기 시작했습니다. 한 때는 강서·서부지역에서 최고로 매출이 높았던 적도 있었습니다. 물론 그렇다고 해서 완전히 손해 본 것만은 아닙니다. 커피 컨버전스 매장을 오픈하면서 관할보건소와 관할구청에 방문하여 기존의 통신매장에서는 다루지 않았던 휴게음식점 인.허가에 대한 교육도 받고 영업허가증도 발급받아본 게 많은 도움이 되었거든요. 건물 내 정화조 용량 및 기타 사항에 대한 내용들도 많이 공부할 수 있었습니다. 이제부터가 문제입니다. 지금까지 잘 운영되어 왔지만 조만간 월세가 인상될 것 같습니다. 물가상승률에 준하여 월세 인상안에 협의를 했던 터라 실적이 지금보다 더 잘 나와줘야 하는데 걱정입니다."

"걱정 말게나. 내가 볼 땐 이곳에서 가장 멋진 매장인 것 같다네. 고맙네 이 대리. 많은 도움이 됐어. 그야말로 살아있는 매장의 히스토리야."

둘은 설렁탕 집에서 나와 매장을 한 번 더 바라보았다. 둘이 바라보는 동안에도 한 연인이 핸드폰 매장으로 들어가는 모습을 볼 수 있었다.

그림 3.1 부천역 사거리 사진

그림 3.2 부천역(북부) 주변상세도

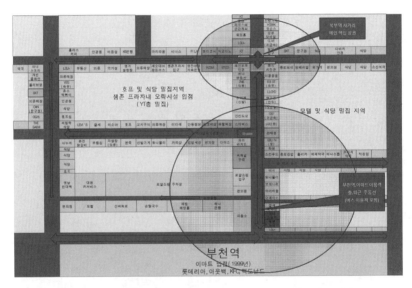

그림 3.3 부천역 상권 및 타겟매장 현황

소설로 보는 실전 매장개설

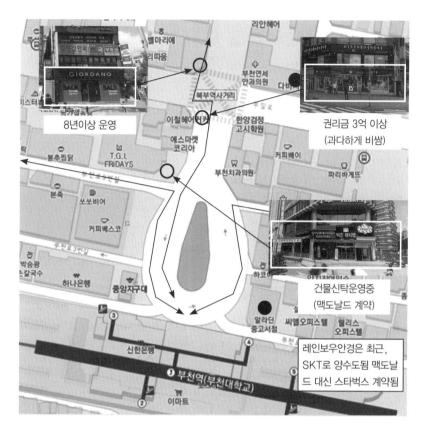

그림 3.4 부천역 타겟매장 실제 입지구조

2

1년 반 만에 결실을
맺게 된 최고의 매장 /
인천 구월동 로데오

(1) 조맴 〈중 · 장기적 타겟팅 관리필요〉에 대해서 배우다

다음 날, 조맴이 계약에 필요한 여러 가지 서류들에 대해 부족한 공부를 하고 있는데 이 대리가 찾아왔다.

"조맴 님~ 오늘도 가셔야죠. 언제 출발할까요?"

"그래~ 근데 나는 좋은데 이 대리는 괜찮나? 내가 이 대리 할 일도 많은데 괜히 시간 뺏고 있는 건 아닌지 걱정이 되네."

"걱정 마세요~ 팀장님이 조맴 님을 확실히 교육시켜달라고 말했으니까요. 현장 답사도 원하는 만큼 다녀오라고 하셨어요."

"그렇구만. 알았네. 오늘은 어디로 가는 건가?"

"오늘도 역시 인천 지역입니다. 인천은 서울 인근에서 가장 중요한 핵심 상권이니까요. 구월동 로데오 지역으로 한 번 가보시죠~"

"그럽시다~"

오늘은 이 대리가 우긴 끝에 결국 이 대리가 운전을 하게 되었다. 운전을 하면서 이 대리는 심심한 듯 조맴에게 여러 이야기를 하기 시작했다.

"저는 사실 소매매장의 유통망 확장에 회사의 존폐가 달려있다고

소설로 보는 실전 매장개설

예전부터 생각하고 있었어요. 그래서 이렇게 조맴 님과 적극적으로 함께 하고 있는 거기도 하구요."

"그런가. 아까 서류들을 살펴보면서 이 매장에 대한 계약건을 나도 보았네. 매출도 엄청나게 높고, 딱 봐도 사진으로 보니 엄청 좋은 매장을 얻은 것 같더라고~ 이 대리가 고생 많이 했을 것 같은데."

"그렇죠. 사실 쉽지만은 않았어요. 더군다나 계약을 진행할 때만 해도 인천 아시안 게임에 대한 기대감 때문에 권리금이 계속 올라가고 있는 상황이었으니까요. 구월동 로데오 지역에 아시안 게임을 하는 동안 선수들이 머물 선수촌 아파트가 있었거든요."

"그러게 말이야. 초강경합을 하면서도 경쟁업체보다 훨씬 낮은 금액으로 계약을 했다는데 그게 사실인가?"

"네 어느 정도는 맞습니다. 롯데에서 운영하는 lob's 브랜드의 h&b 매장 담당자는 거의 천문학적인 금액을 베팅했었죠. 강남역, 홍대입구역, 다음으로 계획된 상권이 인천 구월동 로데오라고 하면서 본인들에게 꼭 이 매장을 달라고 말했습니다. 그리고 이랜드 그룹의 SPA브랜드 MIXXO 에서도 그와 비슷한 금액을 제안했었구요. 저희도 엄청난 금액의 베팅이 오고가자 처음에는 과연 이 매장을 얻을 수 있을까? 하는 걱정이 많이 됐습니다. 사실 건물이 매매되고 재건축이 들어가기 전부터 저희는 임대인을 만나 우리에게 이 매장을 줄 것을 요청했던 상관이었거든요. 그런데 1 년이 넘도록 구체적이 회신을 받지 못하고 있었습니다. 그래서 저희는 임대인이 돈을 따라 움직이는 것이 아닐까 하는 생각이 들기 시작했죠."

"그래. 사실 그렇게 큰 금액이 오간다면, 혹하지 않을 사람이 없을 것 같단 말이지."

"넵. 그런데 다행히 저희가 계약을 따내게 되었죠. 자, 인천 구월동 로데오에 도착했네요. 자세한 사항은 지역을 둘러보면서 이야기하도록 해요~"

"그러세. 근데 배고프지 않은가? 이상하게 인천만 오면 배가 고픈 것 같구만. 허허,"

"회사에서 출발해서 인천에 도착할 때가 되면 딱 점심 때가 되니까 당연한 것 같아요. 그럼 일단 점심을 해결해 볼까요?"

둘은 차를 주차하고서는 근처에 있는 불낙볶음집으로 들어갔다. 왠지 모르게 매운 게 땡기는 날이었다. 둘은 불낙에 밥을 비벼서 한 숟갈 떠먹었다. 곧바로 매운 느낌이 혀를 감싸고, 땀이 비오듯 흐르기 시작했지만 이게 바로 불낙의 매력이었다. 이 대리는 숟가락에 얹은 불낙을 후후 불고는 한 입 꿀꺽 삼키며 말을 이어나갔다. 이 대리의 말은 불낙볶음의 매운 맛이 갑자기 입을 덮치는 것처럼 뜻밖이었다.

"저희가 고 임대료를 제시하는 수많은 강경합 업체들을 누르고 계약을 할 수 있었던 것은 건물주와 쌓아온 의리 덕분이었습니다. 말하자면 정 때문이었죠."

"정? 건물주가 뭐가 아쉽다고 정 같은 것에 휘둘리나?"

조맴이 미심쩍은 듯한 눈빛을 보내자 이 대리가 그럴 줄 알았다는 듯 웃으며 말했다.

"조맴 님. 만나보시면 아시겠지만, 의외로 고독하고 외로운 건물주들이 많습니다. 돈도 많고 시간도 많고 건강한 사람들이니까 남부럽지 않게 살 것 같죠? 실상 뚜껑을 열어보면 공허함과 근심걱정이 많이 있습니다. 많이 가진 만큼 근심이 많은 것이죠. 물론 우리처럼 경제적인 고민은 없죠~ 근데 인생이 그렇지만, 사실 돈이 다는 아니잖아요."

"그건 그렇긴 한데, 잘 납득이 안 되는구만. 그래."

"그 분은 특히 외로움을 많이 타는 분이셨는데 아무래도 1년 넘게 저희가 찾아가다 보니 그런 데에서 고마움을 느낀 게 아닌가 하는 생각이 듭니다. 물론 저희는 좋은 매장을 좋은 가격에 달라고 찾아간 거지만, 건물주의 그런 외로움을 잘 알고서 항상 진심을 갖고 대하려 노력했어요. 그러다 보니 계약을 할 때 건물주가 이런 말을 해줬습니다."

"무슨 말?"

조맨은 불낙을 한 숟갈 푸고는 양념까지 한 숟갈 크게 떠서 밥에 넣고 슥슥 비비고는 입에 넣었다.

"저희랑 이야기하면 뭔가를 얻어내려고 자기를 찾아오는 사람이 아닌 것 같아 좋다는 말이었습니다. 만날 때마다 진심으로 대해 주었다는 게 느껴졌다는 거죠. 물론 좋은 가격에 매장을 계약하기 위해 찾아온다는 것을 건물주도 모르지는 않았을 겁니다. 하지만, 1년 동안 지속적으로 관계형성을 해나가다 보니 어느새 그런 것도 잊어버리게 된 것이죠."

"결론은 좋은 관계를 맺다 보니까 좋은 매장도 자연스레 따라 왔다는 건가?"

"바로 그렇습니다."

"건물주 만날 때 도대체 어떻게 한 건가? 매일 선물이라도 사서 간 건가? 그게 궁금하구만~"

"다른 거 없더라구요. 솔직한 저희의 지금 상황을 말씀드렸습니다. 또 앞으로 상황이 이렇게 될 거다. 이런 청사진을 대략적이나마 이야기했고요. 그 외엔 신뢰감이 형성될 수 있도록 세상 흘러가는 이야기, 사회 이야기, 뭐 이런 잡다한 이야기도 많이 했습니다. 허심탄회하게 마음을 털어놓는 게 제일 중요했던 것 같아요. 아 참!"

"왜? 뭔가 중요한 게 또 있어?"

이 대리는 옆에 휴지를 뽑아 줄줄 흐르는 땀을 닦아내고는 낙지를 집어 들어 입에 넣었다.

"그게 사소한 거긴 한데, 대부분의 건물주들은 사장보다는 회장. 회장보다는 어르신이라는 단어를 대체적으로 좋아하시는 거 같더라구요. 업무에 참고하시면 좋을 거 같아요."

"그래… 잘 알았네. 아무튼 구월동 로데오 이 매장의 진행 포인트는 건물주와의 관계형성이었다는 거구만~"

"네! 맞습니다. 계약하는 데 있어 아무래도 계약 조건이 비슷하면 정이 더 가는 쪽으로 계약하기 마련입니다. 또 이번처럼 정이 많이 쌓이게 되면 저임대료라는 불리한 조건을 가끔 이겨내기도 하고요.”

“오케이. 그럼 이제 나가서 직접 매장을 한 번 봐볼까?”

“넵. 알겠습니다~”

“계산은 내가 할게~”

조맴도 흐르는 땀을 닦고는 자리에서 일어났다. 뱃속이 든든해지니 비로소 돌아다닐 맘이 생기는 듯했다.

매장은 확실히 다른 어느 곳의 매장보다도 눈에 잘 띄는 매장이었다. 괜히 최고 매출을 올리는 매장이 아니구나 하는 생각이 드는 곳이었다.

“이 대리 대단해~ 이런 곳을 성공적으로 계약해냈다니……”

“하하, 아닙니다.”

“어떤가? 그래서 그 건물주와는 계속 만나고 있나?”

“네. 아직도 가끔은 연락을 드리고 있어요~ 시간만 많았어도 지금 한 번 또 뵙고 갈 텐데요~ 하하. 이 분을 만나면서 생각되었던 건 돈이 많으신 분들은 다들 외롭다는 생각을 하게 되었어요. 그래서 다음에 계약할 때도 진솔하게 이야기를 해보려고 노력했습니다.”

“그랬더니? 어떻던가?”

“놀랐습니다. 대부분의 건물주들이 속시원하게 자신의 이야기를 하고 서로 마음을 열고 하는 진솔한 대화를 언제 해 보았는지 모르겠다면서 다들 푸념을 털어놓더군요. 돈이 많다고 행복하지는 않구나 하는 사실을 직접 경험하게 되었습니다.”

“그렇군. 이 대리. 고맙네. 나도 많은 걸 배웠어.”

“저도 이곳에서 많은 걸 배웠어요~ 업무를 위한 업무보다 사람을 위한 업무를 하다 보면 마무리도 훈훈하게 잘 풀리게 됨을 경험했던 곳이니까요. 제 나름대로도 애착이 많이 가는 곳이네요.”

“그래. 그 외에 중요한 부분은 없었나?”

“아! 그러게요. 제가 중요한 부분을 하나 빠뜨릴 뻔 했네요. 먼저

소설로 보는 실전 매장개설

이 곳은 건물준공에 관한 이슈가 있었어요. 건물공사 중에 계약금과 중도금을 지급했었거든요. 여기까지는 큰 문제가 없었는데 계약에 필수적인 서류들을 확인할 수가 없어서 이 건물이 제대로 진행이 되는지 안 되는지 확인이 어려웠습니다. 그게 문제였죠. 서류가 없이 온전히 신뢰로만 진행해야 하다 보니 단순히 건물주만 믿고 진행하는 게 어려웠어요. 건물주가 충청도 어느 지역의 유지라는 사실과 전문직에 종사하고 있는 분이라는 사실만 갖고 본사에 말하기도 어려웠고요."

"그래? 선계약을 하면 그런 위험성이 존재할 수도 있는 건가?"

"네. 더구나 건물 준공이 날 때쯤엔 신탁회사에 건물을 수탁하여 진행했던 터라 리스크도 어느 정도 떠안고 가야 했던 곳이었죠. 법무팀 담당자와 꽤 많은 시간 논의하고 진행했던 기억이 납니다."

"부동산 신탁? 그런 것도 있나?"

"많지는 않은데 이 내용도 알고 계셔야 합니다. 쉽게 설명드리면 부동산 신탁은 건물주가 건물의 유지관리 및 임대수익을 올리기 위해 신탁회사에 부동산을 맡기는 것을 말합니다. 신탁회사는 여기서 발생한 수익을 건물주에게 돌려주고 수수료를 받죠. 이것 때문에 신탁회사가 껴있는 건물은 꼼꼼히 검토해 봐야 합니다. 왜냐하면 등기명의인이 수탁 받은 회사명의로 귀속된다는 점 때문인데요. 다행히 저희는 그 전에 계약이 체결되어 최초 계약건을 그대로 승계 유지하기로 하였습니다."

"복잡하네. 이 부분에 대해서는 다음에 다시 배워야 하겠어. 회사에 들어가서 다시 한 번 설명해주게나. 좌우지간 고생 많았네."

"아닙니다. 저도 많이 배웠습니다~"

"그래…… 아무튼 나야 그래도 사람을 좋아하니 다행이라는 생각이 드는구만. 건물주와 관계형성은 어렵지 않을 것 같아서 말이야. 물론 노력해야겠지만 말일세."

"저도 그 부분은 걱정이 안 되네요~ 어쩌면 팀장님이 조맴 님의 그런 부분을 보고 담당자를 맡기기로 결정한 건 아닐까요?"

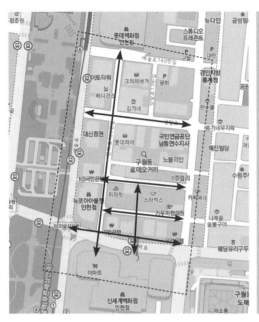

• 상권유형: 도심형
• 발달요인: 공공시설 및
          대형 유통
• 연령특성: 20~30대
• 주요특성: 식품, 잡화 중심
          소매업
• 주요시설:
  신세계백화점, 롯데백화점,
  뉴코아아울렛,
  인천종합버스 터미널,
  CGV, 롯데시네마,
  의류, 커피, 잡화(본사직영)

그림 3.5 구월동 로데오 상권도

그림 3.6 후보매장 공사 초기

소설로 보는 실전 매장개설

그림 3.7 후보매장 준공 후

"그럴지도 모르지. 아무튼 간에 잘 배웠네. 이 대리. 이제 그만 회사로 들어가자고~"

"넵. 알겠습니다."

TIP   **부동산신탁이란?**

부동산 소유자가 일정액의 수수료를 받고 부동산 전문 관리 기관에 자신의 부동산을 맡기는 행위를 말한다. 보통 부동산의 유지관리를 위해, 또는 부동산을 가지고 투자 수익을 올릴 목적으로 신탁하는 경우가 많다. 법에 따라 전문신탁회사는 소유자 대신 임시적으로 부동산의 권리, 처분권을 가지게 되나 그 부동산의 권리는 오직 수익자의 이익을 위해서만 쓰여야 한다. 부동산 소유자가 전문적인 부동산 지식이나 노하우가 없어도 회사를 통해 이익을 얻을 수 있다는 장점이 있으며, 회사는 소유자에게 수수료를 받고 사업을 계속 영위할 수 있게 된다.

3

부동산 업자들의 치열한
경쟁을 뚫은 매장 / 종로2가

(1) 조맴, 〈부동산 중개업자와의 밀당〉에 대해서 배우다 1

"이 대리~ 오늘은 어디 갈까?"

"지금까지는 잘된 매장만 살펴보았으니 오늘은 한번 기대에 비해 잘 안 된 매장도 살펴보도록 해요~ 물론 매출이 실패한 건 아니에요. 다만 기대에 조금 못 미쳐서 아쉬웠다고나 할까…. 아무튼 이걸 통해서 통신매장이 입점해서는 안 될 입지에 대해서 알려드릴 수 있을 것 같습니다. 또 여긴 정말 많은 에피소드가 있었어요. 아마 들으면 재밌으실 겁니다."

"그래? 그거 재밌겠구만. 얼렁 가보자고~"

"오늘은 상권 조사도 할 겸해서 별로 멀지 않으니 걸어가실까요?"

"그래? 어딘데? 난 웬만하면 차량이 좋긴 한데~"

"종로2가 갈 거예요~ 천천히 걸어가면 아마 점심시간이 될 거 같으니 가서 식사하실까요?"

"그렇게 멀지는 않구만. 그래. 거기 가서 점심 먹자구~"

"넵!"

둘은 천천히 걷기 시작했다. 여유를 갖고 걸어야 상권도 잘 보이고

소설로 보는 실전 매장개설

입지도 잘 보이기 때문이었다. 이윽고, 현장에 도착해보니 무척 많은 사람들이 오가는 횡단보도 앞에 매장이 있는 것이 보였다.

"이야~ 저기 맞지? 사람 진짜 많은데……. 더구나 횡단보도 앞이라 유입 인구도 많을 것 같고~ 장사 정말 잘 되겠는걸?"

조맹이 탄성을 내며 소리를 지르자 이 대리가 쓴 웃음을 지으며 말을 이었다.

"저도 그럴 줄 알았습니다. 그런데 통신매장은 다른 일반 소매점과는 확실히 다른 게 있더라구요. 통신매장을 이용하는 객층이 누구이며 배후세대 및 배후단지 내 인구는 어떤 유형인지에 대한 파악도 정말 중요했습니다. 입지가 아무리 좋아도 이면에 있는 그런 영역까지 상권조사에 포함시키지 않는다면 결국 실패한 매장이 되고 마는 것이죠."

"그럼 장사가 잘 안 된단 말인가? 에이, 믿기지가 않는구만. 여기는 인사동을 찾는 외국인 말고는 다들 한국사람인데 왜 안 되지? 여기는 가시성, 접근성, 인지성이 모두 좋은데 말이야. 거기다가 배후도 탄탄하고……. 뭐가 문제지?"

"그건~ 일단 밥을 먹으면서 이야기해볼까요?"

"그럽시다! 종로2가는 뭐가 맛있으려나?"

"든든하게 제육볶음 어떠세요?"

"좋지~"

둘은 사람들이 북적이는 근처 한식집에 자리를 잡고 앉았다. 이윽고 여러 가지 밑반찬들이 깔리고 중앙에 제육볶음과 함께 순두부찌개가 자리를 잡았다. 조맹은 배가 고팠는지 제육볶음이 나오자마자 제육 한 젓갈을 집어서는 밥과 함께 입에 넣었다. 이 대리도 순두부찌개를 한 숟갈 떠서 먹고는 말을 하기 시작했다.

"먼저, 종로2가 상권을 잠시 설명드리면, 종로2가 상권의 범위는 탑골공원 사거리부터 보신각에 이르는 대로변과 그 이면도로, 그리고 맞은편의 YMCA를 중심으로 한 대로변과 이면도로라 할 수 있어요. 종로2

가는 현재 강남역에 버금가는 강북지역 최대의 '젊은 상권'으로 꼽힐 만큼 젊은 층도 많이 찾습니다. 유명한 학원뿐만 아니라 저렴한 식당과 볼거리까지 아주 좋은 상권 중에 하나죠. 물론, 재개발이나 도시 계획 등의 이슈로 조금 리스크가 있지만요."

"그래. 정말 좋은 곳 아닌가? 내가 한 번 설명해보겠네. 나도 입지와 상권분석에 대해 공부하다 보니 핵심상권 중 하나인 종로2가 지역에 대해서도 많이 알았으니까 말이야. 유명한 인사동 상권은 종로2가에서 인사동을 지나 관훈동 북쪽의 안국동 사거리까지 인근지역을 말하는 거지. 이곳은 서울 도심에 위치하고 있고 전통문화의 독특한 기능을 담당하고 있어. 즉, 내국인과 외국인이 한데 어우러진 퓨전 상권으로서, 지하철 종로3가역과 안국역과 연결되어 있지."

"와~ 정말 조사 많이 하셨네요."

이 대리가 순두부찌개 국물과 두부를 퍼서 밥에 섞고는 한입 떠먹으며 말했다. 순두부찌개를 무척 좋아하는 모양이었다.

"아직 더 있어~ 서울 중앙에 위치해 있는 곳이라서 강남과 강북, 강동, 강서 방향으로 향하는 버스가 많고 그 외에 지하철도 많이 있어서 교통환경과 접근성이 뛰어난 곳이지. 중앙로 인사동 길을 따라가다 보면 전통적인 골동품점과 화랑들이 주를 이루고 있으며, 또 공예점, 도예점, 필방, 고미술품점, 고서점, 관광상품 판매점이 즐비하게 늘어서 있지. 한식, 분식 등의 먹거리도 많이 있어서 서울의 대표 문화예술의 중심지 중 하나야."

"혹시 평일 인구 유동량도 알아보셨나요?"

"그럼~ 평일 인사동을 오가는 유동인구를 보면 약 1,500명 이상 된다고 하던데? 주말은 그보다 훨씬 많은 3,500명 이상 된다고 들었어. 지하철 승하차 인원도 3개역(종로3가역, 안국역, 종각역)에서 약 25만 명이 이용한다고 하는군."

"대박이네요. 조맴 님! 정말 많이 조사하셨네요!"

이 대리가 밥 먹다 말고 박수를 쳤다. 사람들이 쳐다보자 뻘쭘해진 조맴은 그만하라고 손사래를 쳤다.

"그 많은 사람들이 저희 매장 앞 도로를 경유한다고 보시면 됩니다."

"그래. 그런데 이런 상권에 오픈한 매장이 잘 안 되다니? 그럴 수가 있는 건가?"

말하느라 지쳤다는 듯 조맴은 이 대리의 대답을 기다리며 제육볶음을 한 점 집어서 밥과 함께 입에 넣었다. 그러자 이 대리가 이젠 자신이 말할 차례라는 듯 입을 열었다.

"김 부장님과 저도 통신매장을 입점하기 위한 상권은 아니라는 것은 오픈하고 나서야 알 수 있었습니다. 먼저, 인사동을 오가는 수많은 사람들은 모두 허수였습니다. 통신매장을 이용하러 오는 사람들이 아니었던 겁니다. 관광객은 물론이고, 내국인들 또한 통신매장에는 관심이 없었습니다. 다시 말해서, 관광지 또는 외국 여행객이 많이 오가는 곳은 통신매장을 개설하면 안 된다는 것이었습니다. 그들은 구경을 하러 온 거지. 핸드폰을 사러 온 게 아니니까요. 이런 면에서 명동, 이태원도 조심해야 할 상권이라고 생각합니다. 그 다음 저희가 기대한 바에는 학생들의 수요도 있었는데 이 부분도 저희의 예상과는 달랐습니다. 학원을 이용하는 학생들은 통신매장을 이용하기 위해 굳이 저희 매장을 찾아오지 않았습니다. 대부분은 학원 수업을 마치고 삼삼오오 친구들과 모여 음식점 또는 술집으로 이동을 하더군요."

"그런가? 학생들은 핸드폰을 사러 올 법도 한데?"

"종로2가는 복합상권(학원 + 유흥 + 관공 + 오피스)이라는 장점에도 불구하고 성공하지 못한 곳이었습니다. 학원가 주변을 진행한다면 중·고등학교 또는 주택가 단지 내 학원밀집 지역이 잘 되는 상권이었다는 거죠. 안양의 평촌학원가와 김포 사우동의 학원밀집지역이 잘 되는 곳. 이런 곳 말입니다. 물론 지금 생각하기에는 종로2가 같은 상권에도 차별화된 매장 컨셉을 가져간다면 성공할 수도 있을 것 같습니다. 젊은 층들의 궁금증 및 호기심을 유발할 수 있는 컨버전스 매장 같은 곳으로요~ 참고로 종각역에 있는 컨버전스 매장은 주변 상권이 좋지 않음에도 사람들이 모이는 곳으로 실적이 꾸준합니다. 신기하게도 이곳은 처음에 통신매장 입지로는 부적합한 곳으로 판단을 받았지만, 결국 대박이 난 곳이었습니다. 이런 면에서 정말 통신매장은 알면 알수록 재미있는 것 같습니다."

"그렇군……. 그럼 종로2가는 교과서적인 상권분석에서 벗어나야 한다는 걸 알려주는 좋은 사례인 건가?"

"음~ 그건 아니구요. 상권분석은 좀 더 세밀하게 검토해야 한다는 게 더 맞는 말 같아요. 예를 들어 젊은 여자들이 많이 다니는 곳은 핸드폰 매장 장사가 안 되는 것처럼요~ 이대입구역이나 여대 메인 도로나 동대문, 남대문 같은 의류매장 밀집 지역 말이죠. 그 포인트가 사실 일반 소매 매장 개설 담당자들은 모르는 내용입니다. 통신매장을 담당하는 담당자들만이 알 수 있는 거죠~"

"그래. 상권분석을 통해서 질적인 매장개설을 해야 하는 거군."

"네. 맞습니다. 이미 조맴 님은 이 사실을 충분히 숙지하고 계신 거 같네요~"

"그래. 고맙네. 하지만 아직 멀었어."

"아참~ 그리고 이 매장은 아직 해드릴 이야기가 좀 더 있습니다."

"그래?"

이 대리는 마지막 남은 제육볶음 한 점을 집어서 밥과 함께 입에 넣고는 우물우물 씹었다.

"종로는 귀금속 도·소매 상가가 밀집되어 있는 곳으로 유명해요~ 이 매장도 4개의 작은 주얼리 샵이 분할해서 사용하고 있었던 곳이었죠~ 그런데 건물주가 임대차 계약 연장을 해주지 않자 권리금을 받고 나가야 한다며 계약 종료 이후에도 불법 점유를 하면서 건물주의 속을 많이 썩였던 곳입니다. 임대인도 변호사를 선임하고 임차인도 변호사를 선임해서

 소설로 보는 실전 매장개설

변호사간 법정 공방이 줄기차게 오갔던 히스토리가 있던 곳이었죠~"

"그런 이야기가 있었구만. 그래서 어떻게 됐지?"

"결국, 쌍방 간에 협의하여 권리금 조율을 했죠~ 물론 지금은 걱정하지 마세요. 지금 저희 매장은 권리금에 대해 보호 받고 있으니까요."

"그렇구만. 참 계약한다는 게 쉬운 일이 아냐."

"그럼요. 마지막까지 긴장의 끈을 놓지 말아야 합니다. 사실 이 매장은 저희보다 GS 왓슨스라는 H&B 매장이 최종 계약 전까지 갔었어요~ 그런데 GS 왓슨스 아시아 본사(홍콩에 있음)로부터 매장이 협소하니 창고를 추가로 확보하라는 지시가 떨어져서 계약이 다시 미뤄진 상황이었죠. 그 사이 저는 강남의 모 컨설팅 업체를 통해 2시간 안으로 계약하면 GS왓슨스 계약을 파기할 수 있다는 사실을 들었습니다. 결국 급히 회의를 한 결과, 계약을 진행키로 하였고, 저는 도장 하나 들고 강남으로 날아갔습니다."

"그래서? 성공한 건가?"

"당연히 성공했으니까 지금 매장이 존재하는 거겠죠? 문제는 권리금 양도양수 계약서와 임대차계약서에 도장을 찍고 명도일정을 협의하고 나왔는데, 예전에 이 물건을 문자로 전달했던 다른 컨설팅업체 담당자로부터 연락이 온 게 화근이었습니다. 자기가 먼저 연락을 했는데 왜 본인을 제외하고 다른 업체와 계약을 했냐는 등의 클레임을 제기 했었죠~ 재밌는 건 그 담당자는 왓슨스로 계약이 되었다며 미안하다는 말까지 남겼었는데…… 막상 우리로 계약이 되다 보니 그게 억울했던 겁니다. 아주 독하게 마음을 먹고 달려들더군요."

"허허, 그래서 어떻게 되었나?"

"제가 여기서 크게 배웠습니다. 먼저 부동산 중개업자들은 100% 다 믿으면 안 되겠다는 거였습니다. 우리가 계약을 어긴 게 아닌데 마치 계약을 어긴 것처럼 협박을 했으니까요. 그 다음 두 번째는 진행사항들은 그 때 그때 증거를 남겨 놓아야 한다는 거였습니다. 증거가 없어서 제가 대처를 처음에 늦게 할 수밖에 없었습니다. 지금도 그 때만 생각하면 치가 떨립니다. 본사에 쫓아와서는 제가 접대를 받았다는 둥, 유언비어를 퍼뜨렸죠."

"아, 나도 잠깐 들었던 것 같아. 물론 나는 평소 이 대리의 모습을 알고 있어서 그럴 리가 없다며 넘기긴 했다네."

"하하, 감사합니다. 조맴 님. 아무튼 그 사람은 윤리경영에 위배되는 행위를 했다며 협박 아닌 협박을 계속했어요. 결과적으로는 우리 계약을 도와주었던 모 컨설팅업체 사장이 그 업체에 일정부분 수수료를 나눠 주면서 그 사건은 일단락이 됐습니다. 또 그 사람의 이야기가 거짓으로 판명되어 저는 다시 팀장님께 인정받을 수 있었죠. 하지만 그 때는 정말 많이 황당했었습니다. 저에게는 지울 수 없는 상처를 주었던 일이었습니다."

"그래…… 정말 조심해야 되겠군."

"네. 그 다음부터 저는 절대로 부동산에서 문자로만 물건 정보를 전달해 주면 저는 받지 않았습니다. 정식적으로 문서 또는 미팅을 통해 물건 정보를 전달 받게 되었습니다. 그리고, 여러 부동산을 통해 중복된 물건을 받게 되면, 꼭 진행 중에 부동산을 단일화하여 정리하였습니다. 이걸 부동산 업계에서는 '교통정리'라고 부르더군요."

"고생 많았네. 그런데 문득 나도 그런 걱정이 드는구만. 내가 만약 계약을 하러 나갈 때 내가 초짜란 걸 알면 부동산에서 가만두지 않을 텐데 말이야."

이 대리는 웃으며 조맴을 안심시키려는 듯 말했다.

"너무 걱정하실 필요 없구요. 원칙대로만 하시면 됩니다. 가장 먼저 물건 정보를 제공한 업체와 진행을 하시되, 그 곳에서 업무진행이 제대로 안 되면, 다른 업체로 변경한다는 내용을 명확하게 전달하고 그 증거자료를 남겨두어야 합니다."

"그리고 다른 이슈는 없었나?"

"4명의 임차인이 있어서 권리양수도 계약서도 별도로 써야 했고,

소설로 보는 실전 매장개설

명도일도 제대로 맞춰야 했었고 권리금에 대한 원천징수세율에 대한 설명도 했어야 했습니다. 변호사들이 더 하더라구요~ 법적으로 원칙대로 해야 할 사람들이 말이 더 많아서 참 놀랐습니다. 아무튼 또…… 아! 그리고 공부서류는 기본적으로 확인해야 하구요. 이 매장을 통해 배운 가장 큰 교훈은 부동산과의 업무마찰을 최대한 피하라는 것입니다."

"그래~ 이 대리. 좋은 걸 알았어~ 부동산 중개업자와 함께 일을 하되, 명확하게 오해가 없도록 해야 한다는 말이지?"

"넵. 그렇죠."

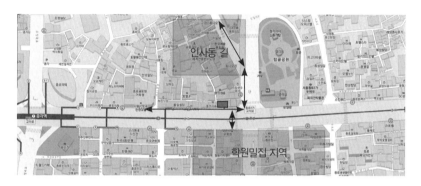

그림 3.8 종로2가 후보점 및 상권분석표

그림 3.9 종로2가 사거리 1

그림 3.10 종로2가 사거리 2

"알겠네! 고마워. 커피 한 잔 먹고 이제 회사로 돌아가지. 오늘은 내가 커피 쏠게~"

"감사합니다. 조맴 님~"

소설로 보는 실전 매장개설

4

권리금 없이 얻게 된
역세권 내 우수 매장 / 양재역

(1) 조맨, 〈부동산 중개업자와의 밀당〉에 대해서 배우다 2

"이 대리 오늘은 어디로 갈까?"

오늘은 조맨이 먼저 이 대리에게 물었다. 이 대리는 기다렸다는 듯 조맨을 돌아보며 말했다.

"양재역으로 가시죠~"

"양재역? 거기는 어떤 이슈가 있지?"

"오늘은 부동산 중개업자와의 CO-WORK을 통해 성공적인 매장 개설을 한 경우를 말씀드리려고 합니다. 역세권의 메인 동선 내 물건은 권리금이 정말 높게 형성되어 있는데, 이곳은 권리금 없이 우수매장을 개설하여 전략적 상권운영에 있어서 우위를 가져가게 된 곳입니다."

"그럴 수가 있나? 메인 동선에 있는 입지가 권리금이 없다니?"

"하하, 자세한 건 가서 설명드리도록 할게요. 일단 입지가 어떤지 보는 것도 중요하니까요~"

"그래. 그러지. 오늘은 뭘 먹고 싶나?"

"음, 오늘은 보리밥에 된장찌개 어떠신가요?"

"좋지~ 자 가자구!"

"넵!"

둘은 차를 타고 양재역으로 향했다. 막상 도착해서 보니 권리금이 없는 곳이라고는 믿어지지 않을 만큼 핵심동선 내에 매장이 위치해 있었다.

"이 대리. 정말 믿기지가 않는군. 이런 곳에 권리금이 없단 말인가?"

"부동산에서 임대인을 직접 만나 명도를 한 경우예요~ 임차인은 법인업체였구요. 사실 권리금이 없는 건 아니었습니다. 권리금을 3억 정도 요구했던 곳이었죠."

"그래. 이런 좋은 입지에 자리하고 있는 매장이 권리금이 없다니, 말도 안 되는 얘기 같단 말일세."

"하하, 일단은 밥을 먹으며 이야기를 해볼까요?"

두 사람은 근처에 있는 보리밥 전문집으로 걸음을 향했다. 여러 가지 야채가 담긴 그릇이 먼저 나왔고, 밥을 비벼먹을 수 있도록 밥공기와 함께 칼국수 그릇 같은 큰 그릇도 함께 나왔다. 다양한 야채를 원하는 만큼 덜어서 보리밥에 비벼먹을 수 있는 방식이었다. 얼마 안 있어 팔팔 끓는 된장찌개도 가운데 자리 잡았다. 둘은 밥을 큰 그릇에 공기째 털어내고는 야채를 덜어서 고추장과 참기름을 넣고 슥슥 비비기 시작했다. 참기름 때문에 고소한 냄새가 사방에 퍼져 나가기 시작했다.

"권리금이 있음에도 불구하고 권리금을 내지 않게 된 이유가 있어요."

이 대리는 잘 섞어진 보리밥을 한 숟가락 퍼서 입에 넣고는 말했다.

"부동산 중개인은 상가임대차 보호법 및 기타 법적인 지식이 많은 분이셨고, 대인관계도 좋은 분이셨습니다. 그래서인지 임대인과 엄청 친한 상태였는데 법적인 지식도 많으니 협상력을 잘 발휘한 것이죠."

"어떻게 그럴 수 있지? 아무리 그래도 적은 돈이 아닌데 말이야."

조맴은 된장찌개까지 숟갈로 보리밥에 떠 섞고는 한 숟갈 크게 퍼서 우물우물 씹기 시작했다.

"임대인의 성향 파악을 완벽히 한 상황이었다고 볼 수 있습니다. 그 분과 적절하게 밀고 당기는 협상을 굉장히 잘해낸 끝에 이런 계약이 성립하게 되었죠. 개인적으로 자기 일처럼 우리 입장에서 업무 처리를 해줬던 곳이라 기억이 많이 납니다. 정말 열심히 해주셨어요. 물론 이외에 이유도 있습니다."

"왠지 그럴 것 같았어. 어떤 이유가 있었는가?"

"부동산 중개인의 역량도 뛰어났지만 타이밍이 적중했다는 표현도 맞을 것 같습니다."

"타이밍?"

"네. 먼저, 부동산에 양재역 물건(입지) 추천을 부탁하였습니다. 그런데 다른 부동산들은 실질적으로 움직이질 않았습니다. 양재역 메인동선(5번, 11번 출구)은 매장이 나오지도 않을뿐더러 높은 권리금이 형성되어 있기 때문이었죠. 괜히 움직여도 자기들만 귀찮고 시간낭비라는 생각이 있었던 겁니다. 그런데 그 부동산만큼은 상황과 상관없이 직접 현장 실사를 했고, 마침 양재역 핵심동선에 물건이 나왔다는 소식을 듣게 되었습니다. 사실 저희도 큰 기대는 하지 않고 있었는데 이런 걸 보면 매장 개설을 할 때 운도 따라줘야 하는 것 같습니다."

이 대리는 반찬으로 나온 김치전을 들어 보리밥과 함께 먹고는 말을 이었다. 조맵도 도토리묵을 집어 들었다. 식사가 거의 끝나가고 있었다.

"그 부동산에서 등기부등본 및 기타 공부서류를 확인한 후 건물관리인을 통해 임대인의 사무실이 동일 건물에 있다는 것을 알고 직접 미팅을 시도하였습니다. 결국, 임대인은 당돌한 부동산 중개인의 열심에 감동을 하여 1층 세입자에 대한 정보를 전달해 주었다고 합니다. 그렇게 일이 잘 풀려나간 건 저희도 처음이었습니다. 임대인이 적극적으로 우리 입장을 수렴하여 계약조건도 만족스러웠고, 계약을 하는 내내 저희에게 호의적으로 대해주었습니다."

"결국, 운도 따랐지만 중요한 것은 또 관계였다는 말 같구만 그래."

"맞습니다. 조맴 님. 핵심을 정확히 뚫어보시네요. 하하, 부동산 중개인이 건물주(임대인)와 친하지 않았다면 이런 계약은 불가능했을 겁니다. 현재 그 부동산 중개인은 해당 건물주를 통해 다른 물건에 대한 정보도 얻게 되어 승승장구하는 중이라 들었습니다. 그 분은 운이 좋았던 것 같아요~"

"그래. 계약 조건도 중요하지만 건물주와 친근한 관계를 맺는 것도 무시 못할 만큼 중요하군"

"네. 이 점만 명심하시면 앞으로의 계약에 있어서도 가장 중요한 핵심 포인트는 놓치지 않으실 것 같습니다."

이 대리는 숟가락을 들어 보리밥을 싹싹 긁어낸 후, 입에 넣었다. 조맴도 식사를 마치고는 둘은 자리에서 일어났다.

"그래. 오늘도 공부 많이 했네. 이 대리."

"별 말씀을요. 이 매장으로 인해 양재역의 메인 핵신 동선은 저희 매장이 장악을 하게 되었습니다. 우리 회사 입장에서는 권리금 절약으로 인해 엄청난 비용절감 및 리스크 방어를 할 수 있게 해줬던 곳이기도 합니다. 성공적인 상권운영의 표본이지요."

"이 대리 대단해~ 우리나라의 핵심상권에 이렇게 성공적인 매장 개설을 해내다니."

"과찬이십니다. 저도 아직 열심히 하면서 배우는 중입니다."

"자, 그럼 이제 가볼까?"

"넵. 저, 그런데 조맴 님."

"응? 뭔가?"

"팀장님께서 내일부터는 이제 실전 계약에 들어가는 매장에 조맴 님을 데려가라고 했습니다. 아무래도 내일부터는 실전 업무를 같이 해야 할 것 같습니다."

이 대리의 말을 듣는 조맴의 가슴이 두근거리기 시작했다. 언젠가 이 순간이 올 것이라고 생각은 했지만 이렇게 빨리 올 줄은 몰랐던 것이

소설로 보는 실전 매장개설

다. 조맴은 심호흡을 하고는 웃으며 말했다.

"그래~ 알겠네! 어차피 부딪쳐야 할 일. 일찍 부딪치면 좋지! 안 그런가?"

"맞습니다! 조맴 님. 사실 이 일을 하기 위해서 중요한 게 또 하나 있습니다."

"그게 뭔가?"

"바로 재미입니다. 재미가 없으면 좋은 매장을 구할 수 없을뿐더러 계약도 비싸게 할 확률이 높습니다. 재미있으면 열심히 발로 뛰게 되고 좋은 입지를 얻게 됩니다. 아무것도 아닌 것 같아 보여도 가장 중요한 요소 입니다. 재미가 있으니까 저도 뛰고 있는 거구요~"

이 대리의 눈빛이 진심이라는 것을 말하고 있었다. 조맴도 웃으면 서 이 대리의 말에 화답했다.

"그래. 사실은 그게 제일 중요한 것인데 너무 늦게 말한 거 아닌가? 하하, 걱정하지 말게. 나도 며칠 동안 여러 지역을 다니면서 벌써 이 일에 재미 들리기 시작했으니까 말이야~"

"다행이네요. 알겠습니다. 자, 그럼. 내일부터 진짜로 파이팅 해봐 요. 조맴 님!"

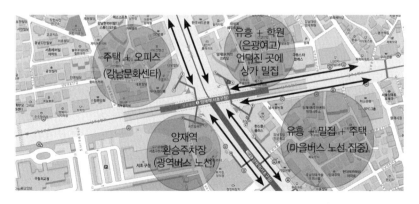

그림 3.11 양재역 상권도

"그래! 힘내지!"

둘은 손을 잡으며 파이팅을 외쳤다.

이제 상권분석의 기초를 갓 배운 조맹이었지만 그의 눈은 어떤 프로보다도 더 밝게 빛나고 있었다.

소설로 보는 실전 매장개설

4

꼭 알아야 할 필수 서류
및 부동산 용어

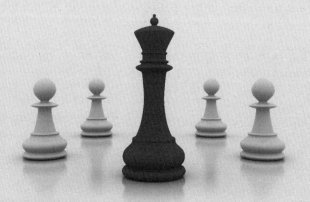

1

필수서류

공부서류라는 게 있습니다. 공부서류는 부동산의 매매와 임대차계약, 권리양수도 계약 시에 반드시 확인해야 하는 공적서류를 의미합니다. 이 서류를 통해 압류나 가압류 등 권리관계와 무허가 건물여부, 과세완납여부 등 사실관계를 확인해볼 수 있으며, 꼭 이 서류를 확인해야지만 불의의 피해를 입지 않을 수 있습니다. 계약에 앞서 반드시 매장관련 정보를 꼼꼼히 파악하시기 바랍니다. 혹시라도 법적으로 이상이 있는 건물과 계약하게 될 경우, 엄청난 피해를 입을 수도 있기 때문입니다. 대표적으로는 기존 임차인과 결탁하여 실제로는 장사가 잘 되지 않는 점포임에도 많은 권리금을 받기 위해, 또는 빨리 매장을 넘기기 위해 새로운 임차인을 속이는 경우가 있습니다. 또한 공문서 상에 나타나지 않은 점포에 관한 중요한 사항을 고의적으로 말하지 않거나 빠뜨린 계약서를 보여주고 입점 이후 세입자로 하여금 영업에 차질을 빚게 하는 경우도 많습니다.

때문에 최종 임대차 계약 전 점포의 법적 권리 관계 및 이상 유무를 반드시 공부서류를 통해 체크해야 합니다. 부동산 중개업소에 모든 업무를 일임하지 마시고, 후보매장에 관한 모든 정보는 자신이 직접 조사한다는 마음가짐으로 임해야만 큰 피해를 줄일 수 있게 됩니다.

점포 계약 전에 권리분석을 통해 필수적으로 알아야 할 중요한 서류들에는 등기부등본(건물, 토지, 집합건물), 건축물대장, 토지대장, 토지이용계획 확인원 등이 있습니다.

(1) 등기부등본

① 등기부등본이란?

현 소유주의 취득일과 권리 관계확인(저당권, 전세권, 지상권, 가압류, 관할 등기소 가등기 등 채권관계 및 채권금액) 정확한 소재지번, 건물의 특징 등이 적혀 있는 서류입니다. 건물과 토지 등기부등본은 각각의 소유와 권리관계와 그 이력을 기록한 서류입니다. 토지주와 건물주가 동일한지 확인을 위해, 건물과 토지등기부등본을 각각 발급받아서 확인을 해야 합니다.

② 등기부등본 보는 법

등기부등본에서 알아야 할 중요사항으로는 '표제부', '갑구', '을구'가 있습니다. 이 세 가지 용어에 대해 설명드리도록 하겠습니다.

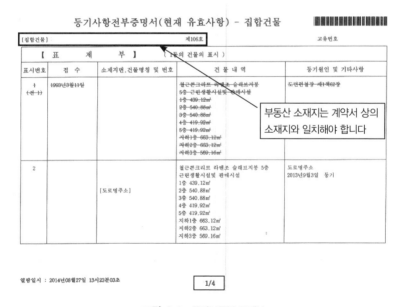

그림 4.1 등기부등본 표제부

표제부는 쉽게 말해 부동산의 신상정보입니다. 사람으로 따지면 키, 몸무게, 혈액형 등이 적혀 있는 것이라고 볼 수 있습니다. 표제부에는 해당 호수가 있는 주소, 전체크기, 분양면적, 전용면적, 대지권 비율 등의 정보가 적혀 있습니다. 표제부에서 가장 기본이 되는 것은 계약서의 주소와 표제부의 주소가 일치하는가 입니다. 일치하지 않는다면 증명력 자체가 없기 때문에 의심해볼 필요가 있습니다.

그 다음, 갑구에는 소유자가 표시 됩니다. 여기서 중요한 것은 갑구의 소유자 이름과 계약서상의 매도인 또는 임대인의 이름이나 주민번호가 일치하는가 입니다. 거의 발생하지 않는 일이긴 하지만, 아주 가끔 다른 사람의 물건을 팔아 치우는 일이 발생하기 때문입니다. 예전에 뉴스에서도 나왔던 일인데 세입자가 집주인을 가장해 세를 놓은 다음, 전세보증금을 갖고 도망간 적이 있었습니다. 또 다른 경우, 신분증을 위조해 이런 일을 계획하는 사람도 있습니다. 그렇기 때문에 등기부 등본상의 소유자와

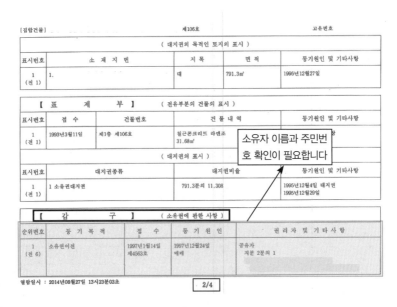

그림 4.2 갑구

계약서 상의 소유자 일치 여부는 꼭 확인하시고 넘어가셔야 낭패를 당하지 않습니다.

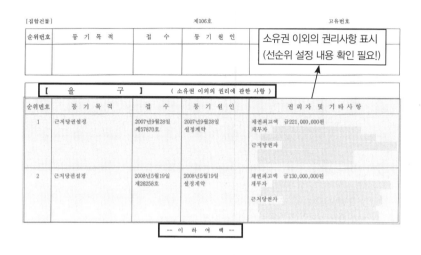

을구에는 소유권 이외의 권리에 관한 사항이 표시되어 있습니다. 저당권, 지상권, 임차권, 전세권, 등이 기재되며, 이러한 권리관계의 변경, 이전이나 말소사항도 기재됩니다. 여기서 확인하셔야 될 것은 등기부에 가등기나 각종 저당권 등이 여러 차례 기재되었는가 하는 점입니다. 기재가 반복되었거나 또는 변경이 자주 있었다면 그 물건은 문제가 있을 확률이 굉장히 높습니다.

또한 근저당(건물을 저당 잡혀서 대출을 받는 것을 의미함) 설정도 확인하셔야 합니다. 근저당이 물건가액에 비해 과다하게 (보통 40% 이상일 때) 설정되어 있다면 고민해보셔야 합니다. 왜냐하면 임차인에게 주는 보증금까지 합쳐져 있으므로 근저당 금액을 빼고 나면 건물의 나머지 가액이 거의 없는 경우도 있기 때문입니다. 이렇게 된 건물일 경우 보통 경매로 넘어가게 될 확률이 높으며, 임차인끼리 울며 겨자먹기 식으로 어쩔 수 없이 경매된 물건을 사들이는 경우도 발생할 수 있게 됩니다.

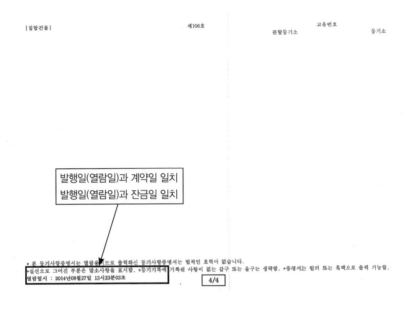

[집합건물]   제106호

발행일(열람일)과 계약일 일치
발행일(열람일)과 잔금일 일치

그 다음 중요한 사항은 발행일(열람일)과 계약일이 일치하는지를 확인하는 것입니다. 잔금(매장을 인도 받기 전 마지막으로 지급하는 돈 (계약금 -〉 중도금 -〉 잔금) 일 때에도 한 번 더 등기부등본을 발급해서 확인해야 합니다. 이 부분에 대해 가장 많은 사람들이 사기를 당하기 때문입니다. 그만큼 사기꾼들이 애용(?)하는 수법이라고도 할 수 있습니다.

사기꾼들의 수법은 이렇습니다. 근저당권 설정 전에 미리 등기부등본을 발급합니다. 그리고 나서 은행으로부터 근저당을 통해 대출을 받습니다. 그리고 매수자에게 근저당이 없는 예전의 등기부등본을 보여준 후, 근저당이 없는 것처럼 물건을 계약하고 잠적해버리는 것입니다.

설마 이런 일이 발생하겠어? 라고 물어보실 분이 계실 것 같습니

꼭 알아야 할 필수 서류 및 부동산 용어

다. 그런데 실제로 이런 일이 발생하기도 합니다. 또 사기꾼이 작정하고 사기를 치려고 마음먹으면 가장 쉽게 이 부분을 속이려 들기 때문에 확인해야 합니다.

참고로 확인하실 점은 발행일이 '열람용'인지 '발급용'인지에 따라서 위치가 다르다는 점입니다. '열람용'일 때는 발행일이 좌측 하단부에 있고 '발급용'일 때는 우측 하단부에 있습니다. 지금 보시는 사진은 '열람용'입니다.

그 다음으로 중요한 것이 매수입니다. 등기부등본은 보통 3~5페이지의 장수를 가지고 있는데 사기꾼들이 근저당 설정이 된 페이지를 빼고 보여주는 경우가 있습니다. 예를 들어 총 5페이지의 등기부등본에서 근저당 설정이 잡힌 3페이지나 4페이지를 누락시킨 채 보여주는 것입니다. 그러면 근저당설정이 없는 것으로 착각하실 수 있습니다.

확인하는 방법은 간단합니다. 모든 등기부등본에는 전체 매수가 적혀 있습니다. 예를 들어 총 2장일 경우 1/2, 2/2, 총3장일 경우 1/3, 2/3, 3/3 이렇게 표시되어 있습니다. 따라서 모든 장수가 있는지를 확인해보시면 됩니다.

그 다음으로 문서 끝에는 - 이하여백 - 이라는 표시가 있습니다. 이 부분도 확인하시면 더 정확하다고 할 수 있습니다.

임대차계약서

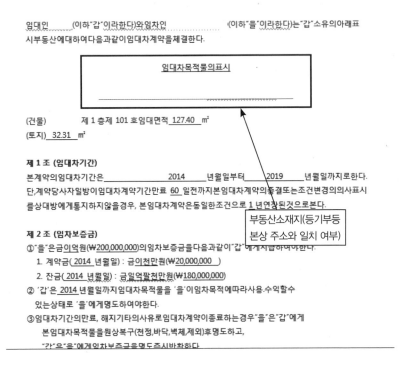

임대인 ＿＿＿＿＿(이하"갑"이라한다)와임차인 ＿＿＿＿＿＿＿＿＿＿《이하"을"이라한다)는"갑"소유의아래표
시부동산에대하여다음과같이임대차계약을체결한다.

```
            임대차목적물의표시
_____
_____
```

(건물) 제 1 층제 101 호임대면적 127.40 ㎡
(토지) 32.31 ㎡

제 1 조 (임대차기간)
본계약의임대차기간은＿＿＿＿＿＿＿＿＿＿＿2014 년월일부터＿＿＿＿2019 ＿＿＿년월일까지로한다.
단,계약당사자일방이임대차계약기간만료 60 일전까지본임대차계약의종결또는조건변경의의사표시
를상대방에게통지하지않을경우, 본임대차계약은동일한조건으로 1 년연장된것으로본다.

> 부동산소재지(등기부등
> 본상 주소와 일치 여부)

제 2 조 (임차보증금)
① "을"은금이억원(₩200,000,000)의임차보증금을다음과같이"갑"에게지급하여야한다.
  1. 계약금(2014 년월일) : 금이천만원(₩20,000,000 ＿＿)
  2. 잔금(2014 년월일) : 금일억팔천만원(₩180,000,000)
② '갑'은 2014 년월일까지임대차목적물을 '을'이임차목적에따라사용,수익할수
  있는상태로 '을'에게명도하여야한다.
③임대차기간의만료, 해지기타의사유로임대차계약이종료하는경우"을"은"갑"에게
  본임대차목적물을원상복구(천정,바닥,벽체,제외)후명도하고,
  "갑","을"에게임차보증금을명도즉시반환한다.

　　지금까지 예시로 보여드린 계약서는 당사 임대차 계약서 양식을
기준으로 보여드린 것입니다. 이외에도 일반 문구점에서도 구매 가능한
표준 부동산 임대차계약서 양식도 보시면 좋을 것 같아서 공유합니다.
　　(대부분 부동산 중개소를 통한 임대차 계약은 아래 계약서 양식을
기준으로 체결됩니다)

꼭 알아야 할 필수 서류 및 부동산 용어

본계약이체결된증거로서계약서   2   부를작성하여"갑"과"을"이이에서명또는기명날인한후각각 1부씩보관한다.

2014 년월일

임대인("갑")

성명 : [   ]   (인)

주소 :

　　사업자번호 : [   ]

대리인 : ·

계약날짜와 임대인 성명 일치
그리고 주민등록번호(사업자번호)확인
(개인정보취득관련 동의서 수령 필요)

임차인("을")

　　성명 :   (인)

　　주소 :

　　사업자번호(법인번호):

　　　보시는 방법은 아까와 같습니다. 지금까지 설명해드린 등기부등본에서 보셔야 될 내용을 확인하시고 계약서와 꼼꼼히 대조해 보시면 됩니다.

　　　집합건물이 아닌 경우 토지와 건물 각각의 등기부 등본을 위와 같은 방법으로 확인해보셔야 합니다. 물론 대부분 근저당 같은 경우 건물과 토지에 공동담보가 설정된 경우가 대부분이기 때문에 어느 한쪽만 확인해도 동일한 내용인 경우가 많습니다.

　　　모든 것을 처음부터 꼼꼼히 보는 습관을 들여야 실수하지 않습니다. 어떤 경우에는 토지와 건물이 서로 다른 내용으로 되어있는 경우도 상당히 많습니다. 이밖에도 여러 가지 주의사항이 있지만 형식적인 요건을 볼 때는 이 정도로도 충분하다고 봅니다.

부동산임대차계약서

☐ 전 세 ☐ 월 세

임대인과 임차인 쌍방은 아래 표시 부동산에 관하여 다음 계약내용과 같이 임대차계약을 체결한다.

1. 부동산의 표시

소 재 지						
토 지	지 목		면 적			m²
건 물	구조 . 용도		면 적			m²
임대할부분			면 적			m²

2. 계약내용

제 1 조 (목적) 위 부동산의 임대차에 한하여 임대인과 임차인은 합의에 의하여 임차보증금 및 차임을 아래와 같이 지불하기로 한다.

보 증 금	금				
계 약 금	금		원정은		한다.
중 도 금	금				하여
잔 금	금				한다.
차 임	금		원정은		한다.

[주의사항!!!]
특약사항은 꼼꼼하게
따져보고 협의하셔야 합니다(부동산 중
개인의 말을 100% 수긍하면 안됩니다)
EX)원상복구 항목, 임차료 인상기간 및
금액 등등…

제 2조 (존속기간) 임대인은 위 부동산을 임대차 목적대로 사용할 수 있는 상태로 _____ 년 _____ 월 _____ 일까지 임차인에게 인도하며, 임대차 기간은 인도일로부터 _____ 년 _____ 월 _____ 일까지로 한다.

제 3조 (용도변경 및 전 대 등) 임차인은 임대인의 동의없이 위 부동산의 용도나 구조를 변경하거나 전대, 임차권 양도 또는 담보제공을 하지 못하여 임대차 목적 이외의 용도로 사용할 수 없다.

제 4조 (계약의 해지) 임차인의 차임연체액이 2기의 차임액에 달하거나 제3조를 위반하였을 때 임대인은 즉시 본 계약을 해지 할 수 있다.

제 5조 (계약의 종료) 임대차계약이 종료된 경우에 임차인은 위 부동산을 원상으로 회복하여 임대인에게 반환한다. 이러한 경우 임대인은 보증금을 임차인에게 반환하고, 연체 임대료 또는 손해배상금이 있을 때는 이들을 제하고 그 잔액을 반환한다.

제 6조 (계약의 해제) 임차인이 임대인에게 중도금(중도금이 없을 때는 잔금)을 지불하기 전까지, 임대인은 계약금의 배액을 상환하고, 임차인은 계약금을 포기하고 이 계약을 해제할 수 있다.

제 7조 (채무불이행과 손해배상) 임대인 또는 임차인이 본 계약상의 내용에 대하여 불이행이 있을 경우 그 상대방은 불이행한 자에 대하여 서면으로 최고하고 계약을 해제 할 수 있다. 그리고 계약 당사자는 계약해제에 따른 손해배상을 각각 상대방에 대하여 청구할 수 있다.

특약사항	

본 계약을 증명하기 위하여 계약 당사자가 이의 없음을 확인하고 각각 서명 '날인 후 임대인, 임차인 매장마다 간인하여야 하며, 각각 1통씩 보관한다.

_____ 년 _____ 월 _____ 일

임 대 인	주 소						
	주민번호		전 화		성명		㊞
	대 리 인	주소		주민번호		성명	
임 차 인	주 소						
	주민번호		전 화		성명		㊞
	대 리 인	주소		주민번호		성명	
중 개 인	소 재 지						
	허가번호		전 화				
	상 호				대표		㊞

꼭 알아야 할 필수 서류 및 부동산 용어

[건물]   고유번호

【 표 제 부 】 (건물의 표시)				
표시번호	접 수	소재지번 및 건물번호	건 물 내 역	등기원인 및 기타사항
1 (전 1)	1997년8월5일		철근콘크리트조 슬래브지붕 4층 근린생활시설 지층 195.16㎡ 1층 175.56㎡ 2층 175.56㎡ 3층 175.56㎡ 4층 175.56㎡	

【 갑 구 】 (소유권에 관한 사항)				
순위번호	등 기 목 적	접 수	등 기 원 인	권 리 자 및 기 타 사 항
1 (전 1)	소유권보존	1997년8월5일 제17163호		공유자 지분 2분의 1 지분 2분의 1

열람일시 : 2014년05월16일 11시02분06초

1/2

[토지]   고유번호

【 표 제 부 】 (토지의 표시)					
표시번호	접 수	소재지번	지목	면 적	등기원인 및 기타사항
2			대	359.8㎡	2002년7월22일 행정구역명칭변경으로 인하여 2002년7월22일 등기

【 갑 구 】 (소유권에 관한 사항)				
순위번호	등 기 목 적	접 수	등 기 원 인	권 리 자 및 기 타 사 항
1 (전 2)	소유권이전	1987년3월18일 제17465호	1983년8월29일 매매	소유자

— 이 하 여 백 —

관할등기소 인천지방법원 부천지원 등기과

* 본 등기사항증명서는 열람용이므로 출력하신 등기사항증명서는 법적인 효력이 없습니다.
*실선으로 그어진 부분은 말소사항을 표시함. *등기기록에 기록된 사항이 없는 갑구 또는 을구는 생략함. *증명서는 컬러 또는 흑백으로 출력 가능함.
열람일시 : 2014년04월30일 15시39분55초

1/1

(2) 건축물대장

① 건축물대장이란?

건물에 대한 구체적인 내역과 건물의 이력이 기록된 서류입니다. 건물연면적, 구조관련사항, 건물의 용도, 층수, 층별면적, 소유자 현황과 같은 후보매장의 정확한 임대평수, 위치, 건축물의 준공날짜, 점포용도 그리고 불법건축물의 존재 유·무 등을 확인할 수 있습니다. 특히, 평수를 눈여겨보면서 임대차보증금 또는 임차료, 관리비 등을 협의하는 데 참고하면 좋을 것 같습니다.

② 건축물대장 보는 법

정부민원포털 민원24(민원신청결과 인쇄화면)

1의 6페이지

인터넷 열람문서 확인

열람서비스 출력물은 법적인 효력이 없으며 최초 열람 후 24시간 이내 열람하실 수 있습니다.
열람문서는 PC와 프린터의 설정으로 출력되는 부분으로 축소/여백등 출력오류는 민원24에서 지원되지 않습니다.
용지방향(가로,세로)을 열람이미지 형태에 맞춰서 출력하십시오. 인쇄시 발급물이 일부 잘릴 수 있습니다.

정상적인 출력을 위해서는 여백조정이 필요합니다. [여백조정 도움말] [인쇄]

위반건축물 여부기록

■ 건축물대장의 기재 및 관리 등에 관한 규칙 [별지 제1호서식]

일반건축물대장(갑)

장번호 : 1 - 1

고유번호			민원24접수번호	20140703 - 91699741	명칭				사항	
대지위치	경기도 군포시 당동		지번		도로명주소					①
면적	693.42 ㎡	※지역		※지구		※구역				
건축물현황	특용면적	㎡	※구조	철근콘크리트	용도	병원,사무실,근린생활시설,예능강습소	층수	지하 1층/지상 5층		
※건폐율	%	※용적율	%	높이		지붕	스라브	부속건축물	동 ㎡	
조경면적 ㎡	공개 공지 또는 공개 공간의 면적 ㎡	건축선 후퇴면적 ㎡	건축선 후퇴거리 m

건 축 물 현 황					소 유 자 현 황				③
구분	층별	구조	용도	면적(㎡)	성명(명칭)	주소	소유권 지분	변동일	
					주민(법인)등록번호 (부동산등기용등록번호)			변동원인	
주1	지층	철근콘크리트	제2종근린생활시설(게임제공업소)	124.33			/	1991.02.25 소유권보존	
주1	지층	철근콘크리트	제2종근린생활시설(사무소)	40.77				2001.06.08 소유권이전	
주1	1층	철근콘크리트	병원	132.08			/		
주1	2층	철근콘크리트	사무실	132.08					
주1	3층	철근콘크리트	근린생활시설	132.08					
주1	4층	철근콘크리트	예능강습소	132.08					
주1	5층	철근콘크리트	사무실	132.08					

② 건축물현황

이 등(초)본은 건축물대장의 원본 내용과 틀림없음을 증명합니다.

발급일자 : 2014년 07월 03일

담당자 : 주택과

http://www.minwon.go.kr/main?a=AA040MinwonResultViewApp&q=7D3C2398189E00A41CB18FE7E6F059FE35F4E18E9C4FBC;3... 2014-07-03

먼저 일반건축물대장을 뽑으시면 1페이지에 건축물대장(갑)이 있습니다. 갑에서 확인하셔야 할 내용은 등기부등본상의 주소와 건축물대장의 주소가 똑같은지 확인하는 것입니다. 그 다음에는 건물 구조가 어떤 구조인지, 또 건물의 용도는 무엇인지 확인하셔야 합니다. 그 다음에는 건물의 허가사항을 보시면 됩니다. 허가사항에 보시면 단독주택인지 근린생활인지 그 외에 기타 여러 가지 건물인지가 적혀 있습니다. 마지막으로 소유자 현황이 일치하는가를 확인하시면 됩니다.

건축물대장 2페이지에는 소유자 현황(을)이 있습니다. 소유자 현황에는 건물을 최초에 소유했던 사람이 누구인지, 누가 이 건물을 매매했는지 등이 나옵니다.

소유자 현황

소유자현황(을)　　　　장번호 : 1 - 2

| 고유번호 | | | 수번호 | 20140703 - 91699741 | | 명칭 | |
| 대지위치 | | | 지번 | | | 도로명주소 | |

소 유 자 현 황

성명(명칭)	주민등록번호 (부동산등기용등록번호)	주소	소유권지분	변동일	변동원인
			/	2006.05.24	등기명의인표시변경
	- 이하여백 -				

공동소유이거나 투자금의 일부가 지분으로 들어가 있다면 지분의 정도 그리고 소유권의 변동일까지 최초 취득일부터 등재하게 되어있습니다.

건축물대장에서 추가로 검토해보셔야 할 것은 크게 2가지입니다.

첫 번째는 건축물 사용승인 일자입니다. 등기부등본에 사용승인날짜가 나오지 않았더라도 건축물대장에서 사용승인날짜가 확인된다면, 부동산을 임대하시는 데 큰 불편은 없습니다. 물론 등기부등본에만 있고 건축물대장에는 없는 대출이나 가압류 상황 등이 있으니 꼭 등기부등본과 함께 확인하시는 게 좋습니다.

■ 건축물대장의 기재 및 관리 등에 관한 규칙 [별지 제1호서식]

상가일 경우
필히 확인

| 고유번호 | | | | 민원24접수번호 | | | | | 20 | | | 허가일 | 1984.03.24 |

구분	성명 또는 명칭	면허(등록)번호		주차장				승강기				
건축주			구분	옥내	옥외	인근	면제	승용	대	비상용	대	착공일
설계자								※ 오수정화시설				사용승인일 1984.08.26
공사감리자			자주식	대/㎡	대/㎡	대/㎡		형식				관련주소
공사시공자 (현장관리인)			기계식	대/㎡	대/㎡	대/㎡		용량		인용		지번

건축물 에너지소비정보 및 그 밖의 인증정보						
건축물 에너지효율등급 인증		에너지성능지표(EPI) 점수	녹색건축 인증		지능형건축물 인증	
등급		점	등급	인증점수 점	등급	인증점수 점	도로명
에너지절감율 %			인증점수				
유효기간 : . . ~ . .			유효기간 : . . ~ . .			

변동사항						
변동일	변동내용 및 원인		변동일	변동내용 및 원인		그 밖의 기재사항
1999.05.31	토지13500-733(1999.05.31)호에의거 3층주택에서 근.생으로 건축물표시변경					
2005.03.21	토지2005-733호에 의거 지층다we(165.10)를 제2종근린생활시설로 표시변경					
2007.08.01	민원지적과-11298호에 의거 지층 제2종근린생활시설(165.1㎡)를 제2종근린생활시설(계약채공업소.124.33㎡), 제2종근린생활시설(사무소.40.77㎡)으로 표시변경 – 이하여백 –					

※ 표시 항목은 총괄표제부가 있는 경우에는 기재하지 아니합니다.

　　두 번째는 여러 가지 변동사항입니다. 이 부분이 사실 더 중요하다고 할 수 있는데요. 건축물이 만약 불법건축물이거나 부분 변경한 건물일 경우 관할구청에서 이에 대한 자세한 내용을 기재하고 있습니다. 만약 불법 건축물이라면 구청에서 건물에 대한 단속이 나오게 됩니다. 이후 건축물대장에 단속내용과 불법적으로 증축된 부분에 대한 설명이 적혀집니다. (집합건축물 대장에서도 변경사항란은 꼭 확인해 보세요. 특히, 집합건축물에서는 도면도 확인할 수 있으면 좀 더 정확한 확인이 가능합니다.)

■ 건축물대장의 기재 및 관리 등에 관한 규칙 [별지 제5호서식]

집합건축물대장(전유부)

장번호 : 1 - 2

| 고유번호 | | 민원24접수번호 | 20140811 - 96780599 |

변동사항		건축물현황도
변동일자	변동내용 및 원인	
2005.04.26	근린생활시설물 제2종근린생활시설로 표시변경	
2011.09.27	건축물대장 기초자료 정비에 의거 (구조명(TEXT) : " → '철근콘크리트라멘조') 직권변경	
12.05.30	표시변경 [제2종근린생활시설 19.44㎡를 제2종근린생활시설(부동산중개업소)로 변경함]	
	- 이하여백 -	

그 밖의 기재사항			
	축 척	도면작성자	(서명 또는 인)

※ 건축물현황도는 단위세대평면도(단위세대의 상·하수도 및 도시가스 배관의 인입현황을 포함한 도면을 말한다)만 작성하며, 평면도가 여러 장인 경우에는 별도의 장으로 작성할 수 있습니다.
※ 이 장은 전체 2페이지 중에 2페이지 입니다.

* 닫기버튼 미작동시 상단의 윈도우 닫기버튼을 이용해 주세요.

* 닫기

---

(3) 토지대장

① 토지대장이란?

토지에 대한 구체적인 내역과 이력이 기록된 서류입니다. 공시지가와 땅의 소유주 파악이 가능합니다. 토지주가 건물주와 동일인인지 여부도 토지대장에서 확인이 가능합니다. 토지대장은 토지면적이나 지목 등의

꼭 알아야 할 필수 서류 및 부동산 용어

토지와 관련된 변동사항을 확인하는 중요한 서류이며, 등기부등본상의 면적과 토지대장의 면적이 다를 때는 토지대장상의 면적을 우선순위로 하고 있습니다. 이와 같이 보통 토지에 관련된 사항이 등기부등본과 다를 경우, 토지대장에 기재된 것을 우선으로 하고 있기 때문에 반드시 확인해야 하는 서류입니다.

② 토지대장 보는 법

1 – 고유번호: 그 토지가 갖고 있는 고유의 일련번호입니다. (사람으로 치면 주민등록상에 기재돼 있는 주민번호와 같다고 보시면 됩니다),

토지소재 및 지번: 해당토지가 정확히 어디 있는지 나타내는 주소입니다.

축척: 토지의 지적 측량 방식을 보여주는 것입니다. (지적측량 방법에는 여러 가지가 있으나 면적에 이상이 있을 때에만 보는 것이므로 모

르셔도 무방하다고 할 수 있습니다)

2 - 지목: 토지의 이용 방법에 따라 28개의 지목이 나뉘어져 있습니다. 만약 주유소라고 적혀 있을 경우, 주유소로 사용되고 있는 것입니다. 또 '대'라고 적혀 있을 때에는 건물을 지을 수 있는 토지임을 의미합니다. 가장 큰 숫자로 적혀있는 것이 현재의 지목입니다.

3 - 변동일자, 변동 원인: 토지의 소유권이 언제 누구에게 이동했는지를 나타내는 것입니다. 소유권 변경 및 소유자의 변동사항이 일어났을 경우, 날자 별로 이곳에 기록이 됩니다. 만약 토지대장에 나와 있는 소유자와 등기부등본 상의 소유자가 다르다면 등기부상의 소유자가 우선하게 됩니다. 가끔 다른 경우가 발생하기 때문에 꼭 확인해 보셔야 하는 부분입니다. 그러나 명의는 등기부등본 상의 것이 우선하지만 명의가 아닌 면적이나 주소와 같은 토지와 관련된 다른 사항들은 토지대장이 우선하고 있습니다.

4 - 토지등급: 1996년부터 토지등급을 사용하지 않고 있으므로 무시하셔도 됩니다.

5 - 개별공시지가: 2002년 법이 개정되면서 추가된 사항으로 수용 등의 지표로 사용하고 있습니다. 특별한 경우이긴 하나, 토지대장에 소유자가 2명 이상이 공재되어 있는 경우가 있습니다. 이럴 때는 공유지 연명부라는 것이 따로 만들어지니 이것 또한 확인해주시기 바랍니다.

TIP   **공유지 연명부란?**

대장에 등록하는 1피지의 소유자가 2인 이상일 때 작성하는 대장지입니다. 지적 공부에 포함됩니다.
　1)토지의 지번, 2)소유권의 지분, 3)소유자의 성명, 4)토지의 고유번호, 5)필지별 공유지 연명부의 장번호, 6)소유권의 변동일자 및 변동원인 등을 기재합니다.

꼭 알아야 할 필수 서류 및 부동산 용어

(4) 토지이용계획 확인원

① 토지이용계획 확인원이란?

토지의 이용계획에 관한 서류로서 점포가 있는 지역의 재개발 여부, 도로개설 여부를 확인 할 수 있습니다. 해당 토지의 공법상 활용도를 지정하고, 부동산의 현재가치를 나타냅니다. 토지의 가치를 평가하는 가장 중요한 수단으로 이용됩니다.

쉽게 말해 이 토지가 어떤 용도로 사용되고 있느냐를 나타내주는 서류입니다. 대한민국의 모든 땅에는 용도가 있어서 상업지역, 주거지역, 공업지역, 관리지역, 농림지역으로 나눠집니다. 농림지역인 땅에는 주거시설을 지을 수 없습니다. 그렇기 때문에 지금 이 토지가 어떤 용도인지 토지이용계획 확인원을 보셔야 합니다. 용도지역이 어느 곳이냐에 따라 건폐율, 용적률이 결정되고, 해당토지에 어떤 건물을 지을 수 있는지가 결정됩니다.

② 토지이용계획 확인원 보는 법

1 - 해당 대지의 지번, 지목, 면적입니다.

(토지의 지목과 면적, 소유관계에 대한 좀 더 정확한 사항을 알고자 할 때는 토지대장을 발급받으시는 게 더 좋습니다)

2 - 토지이용계획 확인원을 발급받는 진짜 이유인 지역/지구 입니다.

해당토지의 지역이 어떻게 되는지(주거지역인지, 농림지역인지), 무슨 지구인지가 표시되어 있습니다. 이를 통해서 토지에 건물을 지을 수 있는지, 개발은 가능한지, 규모는 어떤지 등을 알 수 있습니다. 가능성은 적지만 후보매장이 핸드폰 매장을 열 수 없는 용도를 가진 지역일 수도 있으므로 확인이 필요합니다.

3 - 토지이용계획 확인원에 첨부되어 나오는 지적도입니다.

가끔 틀린 경우가 나오기 때문에 토지이용계획 확인원의 지적도는 참고 용도로만 활용하는 것이 좋습니다.

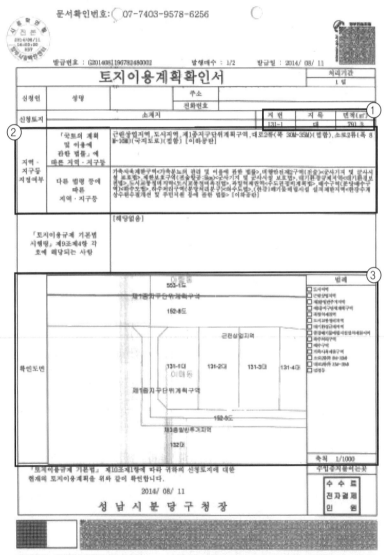

발급번호 : G2014081198712480002　　　발급매수 : 2/2　　　발급일 : 2014/ 08/ 11

| 유의사항 | 1. 토지이용계획확인서는 「토지이용규제 기본법」 제5조 각 호에 따른 지역·지구등의 지정 내용과 그 지역·지구등에서의 행위제한 내용, 그리고 같은 법 시행령 제9조제4항에서 정하는 사항을 확인해 드리는 것으로서 지역·지구·구역 등의 명칭을 쓰는 모든 것을 확인해 드리는 것은 아닙니다.

2. 「토지이용규제 기본법」 제8조제2항 단서에 따라 지형도면을 작성·고시하지 않는 경우로서 「철도안전법」 제45조에 따른 철도보호지구, 「학교보건법」 제5조에 따른 학교환경위생 정화구역 등과 같이 별도의 지정 절차 없이 법령 또는 자치법규에 따라 지역·지구등의 범위가 직접 지정되는 경우에는 그 지역·지구등의 지정 여부를 확인해 드리지 못할 수 있습니다.

3. 「토지이용규제 기본법」 제8조제3항 단서에 따라 지역·지구등의 지정 시 지형도면등의 고시가 곤란한 경우로서 「토지이용규제 기본법 시행령」 제7조제4항 각 호에 해당되는 경우에는 그 지형도면등의 고시 전에 해당 지역·지구등의 지정 여부를 확인해 드리지 못합니다.

4. "확인도면"은 해당 필지에 지정된 지역·지구등의 지정 여부를 확인하기 위한 참고 도면으로서 법적 효력이 없고, 측량이나 그 밖의 목적으로 사용할 수 없습니다.

5. 지역·지구등에서의 행위제한 내용은 신청인의 편의를 도모하기 위하여 관계 법령 및 자치법규에 규정된 내용을 그대로 제공해 드리는 것으로서 신청인이 신청한 경우에만 제공되며, 신청 토지에 대하여 제공된 행위제한 내용 외의 모든 개발행위가 법적으로 보장되는 것은 아닙니다. |
| --- | --- |
| 지역·지구등에서의 행위제한 내용 | ※ 지역·지구등에서의 행위제한 내용은 신청인이 확인을 신청한 경우에만 기재되며, 「국토의 계획 및 이용에 관한 법률」에 따른 지구단위계획구역에 해당하는 경우에는 담당 과를 방문하여 토지이용과 관련한 계획을 별도로 확인하셔야 합니다. |

필수서류　　　　　　　　　　　　　　　　　　　　　123

부동산 중개업자를 통해 점포를 구하는 경우 중개업자는 부동산 매물에 관한 정보를 직접 현장조사를 통해 임차인에게 설명해 줘야 할 법적 의무가 있습니다. 따라서 중개업자와 함께 가서 이와 같은 것들을 확인해보셔야 합니다.

① 건물의 방향, 지형, 벽면의 균열상태, 내외벽의 도색상태, 내부의 도배 및 인테리어 상태
② 수도, 전기 가스, 소방, 열공급 설비, 오폐수 관련, 쓰레기 처리 방법
③ 점포의 도로 및 대중교통수단과의 연계성, 일조, 소음. 진동, 악취 등 환경조건에 관한 사항

위와 같은 사항들은 부동산 중개업자에게 직접 현장조사 확인 및 설명서를 요구할 수 있는 부분입니다. 그러나 중개업자의 설명을 듣는 것도 중요하지만, 가장 중요한 것은 본인이 직접 확인해 보는 것입니다. 불량한 상태가 나중에 발견되었을 경우, 1차적으로 피해를 입는 것은 당사자이기 때문입니다.

이외에도 중개업자가 굳이 설명해줄 필요가 없는 부분까지도 확인하는 것이 더 좋습니다. 예를 들어 건물주의 성격이나 평판, 세입자에게 대하는 태도 등도 중요합니다. 건물주와 충돌이 자주 일어난다면 매장개설에 좋을 것이 없기 때문입니다. 또한 이전 세입자들의 매장 운영 기간이나 지금 개설하는 매장이 주변 매장들과 쉽게 어울릴 수 있는지도 중요합니다. 주변 매장과의 충돌도 매장개설에는 큰 마이너스 요소가 될 수 있습니다.

2
부동산 용어

(1) 권리금

① 권리금이란?

권리금은 일종의 '자릿세'라고 보시면 됩니다. 좋은 자리는 권리금이 비쌉니다. '장사가 잘 되는 곳'을 얻기 위해 임대료 외에도 '자릿세'를 추가적으로 내야 하는 것이라고 생각하시면 됩니다.

권리금의 유래는 한국전쟁 직후인 1955년, 종로시장에서 물건을 팔던 상인들이 먼저 좋은 자리를 잡은 동료 상인에게 물건을 다 판 후 자리를 빌려달라며 성의표시를 하던 것에서 유래했다는 설이 유력합니다. 실제로 대형 상권뿐만 아니라 아주 작은 동네 상권까지도 장사가 잘되는 매장에는 대부분 권리금이 있습니다. 반대로 권리금이 없는 매장은 장사가 잘 안 되는 입지거나 그 물건에 뭔가 문제가 있다고 보시면 대부분 맞습니다.

예전에는 권리금에 대한 법조항이 없어서 보호받을 수가 없었지만 15년 5월 13일, 상가임대차 보호법에서 '상가 권리금 보호법' 방안이 발표되며, 권리금도 제도적으로 보호 받을 수 있게 되었습니다. 상가 주인이 권리금 회수를 방해하면 손해배상 책임을 물릴 수 있는 것입니다.

[상가임대차보호법 제10조의3(권리금의 정의 등)

① 권리금이란 임대차 목적물인 상가건물에서 영업을 하는 자 또는 영업을 하려는 자가 영업시설 비품, 거래처, 신용, 영업상의 노하우, 상가건물의 위치에 따른 영업상의 이점 등 유형.무형의 재산적 가치의 양도 또는 이용대가로서 임대인, 임차인에게 보증금과 차임 이외에 지급하는 금전 등의 대가를 말한다.

② 권리금 계약이란 신규임차인이 되려는 자가 임차인에게 권리금을 지급하기로 하는 계약을 말한다.

[본조신설 2015.5.13]

상가건물 임대차 보호법 개정안의 권리금에 대한 주요 개정 내용을 정리하면 아래와 같습니다.

상가건물임대차 보호법 개정내용

구분	내용
권리금 회수 기간	임대차계약 종료 직전 3개월
권리금 보호 방법	기존 임차인이 권리금 받는 것을 건축주가 방해하면 손해배상
건축주 방해행위	1)기존 임차인이 주선한 신규 임차인과의 임대차계약 거절 2)기존 임차인이 주선한 새 임차인에게 권리금 요구 3)새 임차인이 기존임차인에게 권리금주지 못하도록하는 방해 4)신규 임차인에게 현저히 높은 보증금 요구
손해배상 규모	신규 임차인의 지급예정 권리금과 임대차계약 종료당시 권리금 중 낮은 금액 이하
시행 범위	기존 임대차계약 포함

② 권리금의 종류

권리금에는 크게 3종류(바닥권리금, 영업권리금, 시설권리금)가 있습니다.

꼭 알아야 할 필수 서류 및 부동산 용어

먼저, 바닥권리금은 다른 권리금에 비해 객관성이 많이 떨어집니다. 비어있는 공실에서 주로 발생되며 상가 소유주가 권리금을 요구하는 경우도 있습니다. 상가 소유주가 바닥권리금을 수령했을 때는 임대계약서의 특약사항란에 권리금 반환에 대한 조항을 기재하여 계약종료 시 반환 내지는 양수인에게 전가시킬 수는 있습니다. 바닥권리금은 부동산 중개업소에서 받아가는 경우도 종종 있으니 항상 주의하셔야 합니다.

영업권리금은 매장이 벌어들일 미래의 순이익이라고 생각하시면 될 것 같습니다. 기존 상가에서 벌 수도 있었던 미래의 순이익을 주는 것입니다. 기간은 당사자간 협의에 따라 달라질 수 있지만 평균적으로 1년치 순수익을 주는 것이 보통입니다. 기존 임차인의 매출장부를 확인하거나 일반사업자라면 부가가치세를 얼마나 신고했는지를 파악하는 것이 중요합니다. 다만 상가는 그 특성상 이런 사항들을 비공개로 하는 곳도 많습니다. 따라서 공개가 안 되어 있을 경우, 영업권리금은 수익분석이 어느 정도 이뤄진 상태에서 지불하는 것이 좋습니다.

대부분의 권리금은 시설권리금인 경우가 많습니다. 시설권리금은 기존 임차인이 창업할 때에 여러 가지 시설투자 명목으로 지불한 비용을 요구하는 것입니다. 이런 시설권리금은 보통 서로 협의를 해서 적정한 가격을 맞추게 됩니다.

소모품적인 인테리어 비용, 간판비용, 기타 등등의 시설물들은 제외되거나 또는 감가 적용을 하는 게 맞습니다. 시설권리금을 통해 최초에 투자된 시설투자비용 전부를 회수하고자 하는 양도인은 많지 않기에 협상은 무난하게 진행되는 경우가 많습니다. 그러나 터무니없는 시설투자비용을 제시할 때도 있기 때문에 주의해야 합니다. 다만, 커피숍 같은 경우에는 시설 투자비용이 많이 들어갔으므로 권리금이 다른 업종에 비해 높을 수는 있습니다. 업종이 전혀 다른 용도로 계약을 하게 될 경우, 시설권리금은 바닥권리금으로 바뀌기도 합니다.

③ 권리금, 이것만은 주의하자

제가 처음 매장 개설 업무를 했을 당시, 권리금 호가가 후보매장 주변의 부동산 중개업소를 방문할 때마다 달라서 헷갈렸던 기억이 있습니다. 부동산 중개업소에서 쉬운 말로 제게 장난을 친 것입니다. 장난을 친다는 말은 권리를 양도하고자 하는 기존 세입자가 받고자 하는 금액만 입금해 주고 나머지는 부동산 중개업소에서 알아서(?) 인상하여 받는 것을 말합니다.

예를 들어, 권리양도인은 권리금으로 자신은 1억 원만 원한다고 했지만 해당 부동산들이 권리금을 알아서 올려서는 1억5천도 부르고 2억도 부르다가 마지막에 1억천이나 1억2천쯤에 협상하여 남는 차액을 가지는 것입니다.

물론, 부동산 중개인들은 권리양도인에게도 부동산 경기가 좋지 않으니 1억 원도 비싸다 좀 더 깎아야 한다는 식의 멘트로 상가의 권리금 시세를 좌지우지하기도 합니다. 부동산 경기가 한창 좋았을 때에는 수억 원의 작업(?)도 어렵지 않게 할 수 있었다고 합니다.

지금은 부동산 경기가 예전 같지 않아서 부동산 중개업소에서 권리금을 가지고 장난을 치는 경우는 많이 사라졌지만, 아직도 상가전문 부동산에서는 권리금을 가지고 장난(부동산 전문용어: 인정한다)을 치는 경우가 있습니다. 상가가 존재하는 한 권리금이라는 명목은 없어지지 않을 것 같으니, 꼼꼼하게 이해하셔야 부동산 중개업소 사장님들에게 당하지 않고 계약할 수 있습니다.

특별히 주의할 곳은 기업형 컨설팅 업체들입니다. 법인업체들과의 거래만 전문으로 하는 업체이다 보니 법인들의 속성을 너무나도 잘 알고 있습니다. 때문에 법인업체 성향에 따라 물건별 권리금 또는 임대료 책정이 달라집니다. 부동산 경기 및 소비자의 트렌드에 따라 법인업체의 매장 개설 투자비용이 책정되는 것을 알고 있기에 기업형 컨설팅 업체직원들은 항상 초역세상권의 흐름을 잘 파악하고 있기 때문입니다.

몇 해 전에는 SPA 브랜드의 시장장악력이 무섭게 거세질 때 상가 권리금과 임대료가 엄청 올라간 적이 있었습니다. 거기에는 기업형 컨설팅 업체들의 무서운 베팅도 한 몫 했었습니다. 요즘은 유니클로, 자라, 믹소 등의 SPA 브랜드의 인기가 식어서인지 부동산 시장에 이러한 매물이 많이 나와있습니다. 최근에는 H&B 브랜드의 시장장악력이 거세지고 있는 편입니다. 롯데에서 새롭게 런칭한 롭스라는 H&B가 CJ의 올리브영과 GS그룹의 왓슨스의 자리를 위협하고 있죠. 저도 컨버전스 매장을 진행하면서 롭스의 매장개설 담당자와 경합했던 적이 있었습니다.

결론을 내리자면, 권리금에 대해서는 꼼꼼한 주변시세 파악 및 상권조사를 해야만 회사나 개인의 피해를 최소화 할 수 있는 돈이라 할 수 있겠습니다.

(2) 상가임대차 계약서

① 상가임대차 계약서란?

임대차 계약은 원칙적으로 반드시 작성해야 하는 서류는 아닙니다. 그러나 나중에 건물주와 발생할 수 있는 문젯거리 또는 다른 여러 가지 이유로 발생할 수 있는 분쟁을 미리 방지하기 위해서 작성하는 것입니다. 문제발생의 여지를 미연에 차단하기 위해선 문서로 남겨놓는 것이 최선의 방법이기 때문입니다.

임대차 계약서는 계약 당사자가 자유롭게 계약기간, 해지조건 등 그 내용을 정할 수 있습니다. 그렇기 때문에 정해진 양식도 사실 없다고 보시는 게 맞습니다. 다만, 부동산 공인중개사를 통한 임대차계약서에는 다음과 같은 사항이 기재됩니다.

② 상가임대차 계약서에 작성해야 하는 사항

1 - 거래당사자의 인적 사항

2 - 물건의 표시

3 - 계약일

4 - 거래금액 · 계약금액 및 그 지급일자 등 지급에 관한 사항

5 - 물건의 인도 일시

6 - 권리이전의 내용

7 - 계약의 조건이나 기한이 있는 경우에는 그 조건 또는 기한

8 - 중개대상물확인 · 설명서 발급일자

9 - 그 밖의 약정내용

임대차계약서에 당사자의 인적사항이 들어가는 이유는 계약에 대한 권리자 및 의무자를 특정하기 위해서입니다. 보통 이름과 주소, 생년월일, 전화번호 등이 기재됩니다.

(참고사항 - 14년 8월7일 개인정보보호법 개정시행령으로 법령근거가 없이는 개인의 주민등록번호 수집 · 이용이 불가능해졌습니다. 주민등록번호를 수집할 시, 나중에 문제가 될 수 있으니 잘 살펴보시고 진행하시기 바랍니다)

그리고 상가건물의 임대차계약을 체결할 때는 보통 계약금, 중도금, 잔금으로 나누어 지급하거나, 중도금 없이 잔금을 지급하는 경우가 많습니다. 자세히 설명드리자면 일반적으로 계약금은 전체 보증금의 10%를 계약할 때 지급하고, 잔금은 임차상가건물에 입주하는 날짜에 지급하는

 꼭 알아야 할 필수 서류 및 부동산 용어

것으로 계약서에 명시하고 있습니다. 임대차계약서를 작성할 때는 계약서에 기재해야 되는 사항들을 꼼꼼히 확인하고 특약사항으로 추가 기재해야 할 것이 있는지 검토해야 합니다.

부 동 산 임 대 차 계 약 서

☐ 전 세   ☐ 월 세

임대인과 임차인 쌍방은 아래 표시 부동산에 관하여 다음 계약내용과 같이 임대차계약을 체결한다.

1. 부동산의 표시

소 재 지				
토　지	지　목		면 적	㎡
건　물	구조.용도		면 적	㎡
임대할부분			면 적	㎡

2. 계약내용

제 1 조 (목적) 위 부동산의 임대차에 한하여 임대인과 임차인은 합의에 의하여 임차보증금 및 차임을 아래와 같이 지불하기로 한다.

보 증 금	금		원정 (₩	)
계 약 금	금		원정은 계약시 지불하고 영수함 영수자(	인)
중 도 금	금		원정은 년 월	일에 지불하며
잔 금	금		원정은 년 월	일에 지불한다.
차 임	금		원정은 (선불로 . 후불로)에 월	일에 지불한다.

제 2조 (존속기간) 임대인은 위 부동산을 임대차 목적대로 사용, 수익할 수 있는 상태로 ＿＿＿년＿＿＿월＿＿＿일까지 임차인에게 인도하며, 임대차 기간은 인도일로부터＿＿＿년＿＿＿월＿＿＿일까지로 한다.

제 3조 (용도변경 및 전대 등) 임차인은 임대인의 동의없이 위 부동산의 용도나 구조를 변경하거나 전대.임차권 양도 또는 담보제공을 하지 못하며 임대차 목적 이외의 용도로 사용할 수 없다.

제 4조 (계약의 해지) 임차인의 차임연체액이 2기의 차임액에 달하거나 제3조를 위반하였을 때 임대인은 즉시 본 계약을 해지 할 수 있다.

제 5조 (계약의 종료) 임대차계약이 종료된 경우에 임차인은 위 부동산을 원상으로 회복하여 임대인에게 반환한다. 이러한 경우 임대인은 보증금을 임차인에게 반환하고, 연체 임대료 또는 손해배상금이 있을 때는 이들을 제하고 그 잔액을 반환한다.

제 6조 (계약의 해제) 임차인이 임대인에게 중도금(중도금이 없을 때는 잔금)을 지불하기 전까지, 임대인은 계약금의 배액을 상환하고, 임차인은 계약금을 포기하고 이 계약을 해제할 수 있다.

제 7조 (채무불이행과 손해배상) 임대인 또는 임차인이 본 계약상의 내용에 대하여 불이행이 있을 경우 그 상대방은 불이행한 자에 대하여 서면으로 최고하고 계약을 해제 할 수 있다. 그리고 계약 당사자는 계약해제에 따른 손해배상을 각각 상대방에 대하여 청구할 수 있다.

특약사항 ＿＿＿

＿＿＿

＿＿＿

＿＿＿

본 계약을 증명하기 위하여 계약 당사자가 이의 없음을 확인하고 각각 서명·날인 후 임대인, 임차인 매장마다 간인하여야 하며, 각각 1통씩 보관한다.
　　　　　　　　　　　　　　　　　　　　　　　　년　월　일

임 대 인	주　소							
	주민번호			전　화		성명		㊞
	대 리 인	주소		주민번호		성명		
임 차 인	주　소							
	주민번호			전　화		성명		㊞
	대 리 인	주소		주민번호		성명		
중 개 인	소 재 지							
	허가번호			전　화				
	상　호				대표			㊞

최근 상가 임차인이면 누구나 임대기간 5년을 보장받도록 하는 상가임대차보호법 개정안이 국회를 통과했습니다. 그러나 임차인의 권리는 일정 수준으로 제약하는 등 제도의 빈틈은 여전히 존재합니다. 사전에 계약 조건을 꼼꼼히 따져보는 것이 무엇보다도 중요합니다.

③ 상가임대차 계약서 작성 시 주의사항

1 – 건축물대장 상의 용도와 실제현황 상의 용도가 맞는지 명확히 확인하고 기재해야 합니다.

Ex) 일반음식점 – 한식집

2 – 상가규약이 적용되는 건물의 임대차 시에는 상가규약상 가능 업종인지 사전 검토가 필요합니다.

상가조합원들의 재산보호를 위해 자체 관리규정 및 상가규약이 있는 곳이 꽤 많습니다.

Ex) 동종업종 입점 불가,

3 – 원상회복문제: 단순히 "계약종료 시 '원상복구' 또는 '원상회복'한다"라는 문구는 임차인 입장에서 완전히 당할 수 있는 문구입니다. 그래서 저는 원상회복 시 천정, 바닥, 벽체는 제외한다는 문구를 삽입하여 진행합니다. 정말 나쁜 임대인을 만나면 매장 철수 시에 임대보증금을 전혀 회수하지 못할 수도 있습니다. 지금은 폐점했지만, 영등포역 상권에 있는 한 임대인은 "최초에 기둥은 북한산 소나무였으며, 대리석은 이태리산이었다. 제대로 원상복구 해놓지 않으면 보증금에서 제할 수밖에 없다."고 으름장을 놓으신 분도 실제로 있었습니다. 엄청 고생하면서 매장을 철수했던 기억이 납니다.

사전에 이런 문제를 예방하기 위해서는 입주 시 점포사진 촬영을 꼭 하셔야 합니다. 임대차계약서에 원상회복 범위에 대해서 명확히 기준을 정해서 기재하는 것이 나중의 후임자를 위해서도 좋습니다.

4 – 하자나 하자수리 문제에 대해서는 주체는 누가 될지에 대해서

계약서에 기재해 놓으면 좋습니다.

5 - 영업허가권 또는 신고상 문의 시청 또는 담당부서 방문확인

④ 상가임차 시 임차인 관점 체크사항

1 - 사업자 등록 가능 여부(관할세무서)

2 - 상가임대차 보호법 규정된 보증금과 월세를 환산 (보증금액 = 임차보증금 + 월차임 × 100)

⑤ 그 외에 기재하면 좋을 사항들

1 - 월세는 부가세 별도인지 포함인지 명시하는 게 좋습니다. 그래야 정산 담당자의 업무가 한결 수월해집니다.

2 - 계약 문구에 '권리금은 영업 및 시설권리금이며 임대인은 임차인간의 권리금 관계에 대해 상관하지 않기로 함' 이런 계약 사항을 집어넣게 될 경우 꽤 성공적인 계약 협상을 한 것입니다. 특별히 권리금에 영업 권리금과 시설 권리금이 포함되었음을 명확히 구분하여 기재하는 것이 중요합니다.

사실 대부분의 임대인들은 권리금에 대해서 인정하지 않으려고 합니다. 하지만 대부분의 좋은 매장들은 권리금 지급 없이 확보하기는 정말 어렵습니다. 물론 저희는 권리금을 보호받는 상태로 계약을 맺는 게 안전합니다. 그렇기 때문에 저런 문구가 들어가는 것이 좋습니다.

3 - 만약 임대인이 직접 매장을 운영하고 있는 상태에서 권리금을 지급하게 된다면 계약서에 분명히, "임대인은 권리금을 인정한다"라는 문구를 기재해야 합니다. 이 문구를 인정하지 않는 임대인이라면 심각하게 매장 입점에 대해서 고민해 보셔야 합니다. 나중에 거의 100% 권리금을 회수하지 못하고 쫓겨날 수 있기 때문입니다. 현장 실무를 하다 보면 이런 사례의 경우를 많이 접하고 듣게 됩니다.

4 - 건물주가 권리금과 관련하여 독소조항들을 계약사항에 집어

넣는 경우가 있습니다.

〈건물주가 요구하는 권리금 관련 문구 예시〉

- 권리금은 인정하지 않는다.
- 임차인은 계약만료 시에 임대인에게 지불하지 아니한 권리금 또는 시설비를 청구할 수 없다
- 현재 임차인이 새로운 임차인에게 수령하는 권리금액에 임대인 은 무관하다

사실 좋은 매장을 얻기 위해서는 임대인이 슈퍼 울트라 갑이기에, 임대인이 원하는 대로 울며 겨자 먹기 식으로 진행되는 것이 보통입니다. 이런 계약조항들을 끼고서도 계약을 진행할 때가 있다는 것입니다. 이렇게 굴욕적인 계약을 할 때마다 건물주가 되고 싶은 간절한 맘을 가지기도 합니다. 속으로 있는 사람이 더한다는 둥, 찔러도 피 한 방울 안 나올 사람이라는 둥, 여러 푸념을 털어놓은 채 계약서에 도장을 찍었던 기억이 납니다.

TIP   제소전 화해조서

어떤 임대인들은 임대차 계약 체결 시 제소 전 화해조서를 작성해두자고 말합니다. 제소전 화해조서란 계약을 체결한 당사자들 사이에 추후 계약 위반 사항이 발생할 때 소송 절차를 거치지 않고도 바로 강제집행이 가능하게 만들어주는 장치로서 임대인 들에게 굉장히 유리한 조항입니다. 최근에는 임차인이 명도의무를 불이행하는 상황 에 대비하여 임대인들이 시간과 비용을 줄일 수 있는 방법으로 많이 쓰고 있습니다.
사실 제소전 화해조서는 임차인들에게 분명 불공평한 사항임에 틀림없습니다. 그러나 슈퍼 갑 위치에 있는 임대인이 자신에게 절대적으로 유리한 내용의 제소 전 화해조서를 임차인에게 강요하는 사례가 빈번히 발생하고 있습니다. 그러다 보니 힘이 없는 임차인들은 어쩔 수 없이 좋은 매장을 얻기 위해 독소조항이라는 사실을 알고서도 계약서에 도장을 찍는답니다.

⑥ 상가임대차 계약서 작성 시 알아야 할 문구

1 - 영업권보장

최근 상가 임차인이면 누구나 임대기간 5년을 보장받을 수 있는 상가임대차보호법 개정안이 국회를 통과했습니다. 이를 영업권보장이라고 합니다. 이 법에 따라 임차인이 계약갱신을 원할 시, 임대인은 계약이 시작된 때부터 5년 동안 계약 갱신에 동의해줘야 합니다. 그러나 임차인의 권리는 일정 수준으로 제약하는 등 제도의 빈틈은 여전히 존재합니다. 사전에 계약 조건을 꼼꼼히 따져보는 것이 무엇보다도 중요합니다.

2 - 명도

토지, 건물과 같은 부동산 점유자가 점유권을 타인에게 옮기는 것을 말합니다. 쉽게 설명하면 임대인이 기존임차인과(점유자) 협의를 하여 언제까지 매장을 비워줄지를 결정하는 것입니다. 매장열쇠를 다음 임차인에게 넘겨주는 날짜라고 생각하셔도 됩니다. 예를 들어, 명도일이 15년 3월 5일이라고 계약서에 명시되어 있다면 그날까지 매장을 비워주어야 합니다.

(민사집행법의 법문상에서는 명도라는 용어 대신 인도라는 용어를 사용하고 있습니다.)

3 - 렌트프리

약정한 기간 동안 상가, 사무실 등을 공짜로 빌려 주는 무상임대라고 생각하시면 됩니다. 임대차계약서 작성 시 특약사항란에 렌트프리 문구를 삽입하는 경우가 있습니다. 임대인 입장에서는 신규택지지구 내 신축상가의 공실율을 최대한 줄이기 위해 이런 계약을 하는 경우가 있습니다. 인테리어 공사 또는 상권이 형성되기까지 임차료 걱정 없이 매장을 운영할 수 있게 해주는 것이죠.

물론 임차인이 합당한 이유가 있다고 생각될 때는 직접 요청할 수도 있습니다. 임대인이 먼저 말하지 않았지만 상권안정화가 안 된 지역에 매장을 열 경우, 협상을 해보는 것입니다. 또는 영업이익이 발생하지 않는 인테리어 공사기간 동안만이라도 렌트프리를 해달라고 임대인에게 요구할 수도 있습니다.

물론 임대인들은 대부분 수용하지 않으려 합니다. 굳이 그럴 필요가 없기 때문이죠. 그러나 몇몇 임대인들은 인테리어 공사가 진행되는 며칠이라도 렌트프리를 허락해 주기도 합니다. 렌트프리는 전적으로 협상력에 따른 결과이기 때문에 열심히 노력해 보셔도 좋을 것 같습니다.

4 – 원상복구

기본적으로 원상복구는 임차인이 임대차 계약을 체결할 때의 상태로 매장의 모습을 복구하는 것을 말합니다. 다만 임대인과 임차인 간에 원상복구의 내용에 관하여 특별한 약정을 할 경우에는 그 약정을 따르게 됩니다.

원상복구에 관한 내용은 되도록이면 천정, 바닥, 벽체는 제외한다는 문구를 넣는 것이 좋습니다. 최초 매장을 양수 받았을 당시 추가로 설치한 시설물만 철거하고 원상복구하면 되는 사항인데도 무리하게 최초 상태로 복구하라고 하는 못된 임대인도 있기 때문입니다. 그래서 신축건물 또는 공실이 아닌 이상 임차인은 인수 당시의 시설 상태와 현재의 시설 상태를 입증할 수 있는 사진을 꼭 찍어서 증거를 만들어 놓아야 합니다.

그렇지 않을 경우, 매장 철수를 할 때 건물주가 원상복구에 대해 과다한 요구를 하며 손해배상을 요구하는 경우가 발생할 수 있습니다. 원래는 이태리제 고급 타일로 벽이 디자인 되어 있었으니 그걸 다시 구해서 해놓든지, 아니면 돈을 물어내라는 식으로 요구를 하는 것입니다. 이때 증거물도 없는 데다가, 계약서에 '임대인이 요구하는 처음 모습으로 원상복구한다'는 문구가 적혀 있을 경우, 굉장히 큰 손해를 물어야 할 수도 있습니다.

그렇기 때문에 '천정, 바닥, 벽체를 제외한 부분을 원상복구한다'거나 '최초 양수된 상태 그대로 원상복구 한다' 또는 '다른 임차인에게 양수

 꼭 알아야 할 필수 서류 및 부동산 용어

할 시 영업집기만 철거한다'는 문구를 특약사항에 기재하면 좋을 것 같습니다.

5 - 관리비

시설이나 물건을 관리하는 데 드는 비용을 말합니다. 보통 관리비는 공용관리비와 실비로 나눠집니다. 대형빌딩은 지역에 따라 차이는 있지만 보통 평당(임대평수) 5,000원~30,000원 정도의 가격을 유지하고 있습니다. 공용관리비는 미화비, 경비비, 소독비 등 건물을 유지하는 데 들어가는 비용을 의미합니다. 실비는 말 그대로 매장을 운영하면서 사용한 전기세, 수도세, 도시가스 등의 금액을 사용한 만큼 지불을 하는 것입니다. 이 때 주의할 점은 오래된 건물이라면 별도의 계량기가 없는 경우가 있으니 별도로 계량기 설치를 요청하셔야 합니다. 그렇지 않으면 관리비 계산이 복잡해질 수도 있습니다.

6 - 위약금

계약당사자들 간에 이뤄진 계약사항을 지키지 못했을 경우 계약위반자가 물어야 하는 돈을 의미합니다. 예를 들어 임대차계약을 2년으로 했는데 임대인이 임차인에게 1년만에 임대차계약을 끝내겠다고 하면 계약을 지키지 못했으므로 계약서 상에 명시된 위약금을 임차인에게 지급해야 합니다. 물론 이 경우에는 계약 파기에 따른 손해배상금도 지급해야겠지요. 반대일 때도 마찬가지입니다. 임차인이 계약사항을 어길 경우, 임대인에게 정해진 위약금을 지급해야 합니다.

7 - 월세인상률

현재 상가 임대료 상한선은 월 임대료(=월 차임) 기준 9%를 넘지 못하도록 제한하고 있습니다. 그러나 사실 시중금리가 3% 대이고, 지속적으로 하향추세임을 감안하면 상가 월세 인상율은 지나치게 높은 편이라고 할 수 있습니다.

제11조 (차임 등의 증감청구권)

① 차임 또는 보증금이 임차건물에 관한 조세, 공과금, 그 밖의 부담의 증감이나 경제 사정의 변동으로 인하여 상당하지 아니하게 된 경우에는 당사자는 장래의 차임 또는 보증금에 대하여 증감을 청구할 수 있다. 그러나 증액의 경우에는 대통령령으로 정하는 기준에 따른 비율을 초과하지 못한다.

② 제1항에 따른 증액 청구는 임대차계약 또는 약정한 차임 등의 증액이 있은 후 1년 이내에는 하지 못한다.

[전문개정 2009.1.30]

제4조 (차임 등 증액청구의 기준)

법 제11조제1항의 규정에 의한 차임 또는 보증금의 증액청구는 청구당시의 차임 또는 보증금의 100분의 9의 금액을 초과하지 못한다. [개정 2008.8.21]

물론, 상가 월세라는 게 주변상권에 영향을 받는 것이고, 9%씩 무조건 인상하는 건물주는 드문 편입니다. 그림에서 볼 수 있듯이 월세는 1년마다 인상이 가능합니다. 통상적으로 상가는 1년 단위로 계약을 연장하기 때문입니다.

(요약정리)

	증액한도	묵시적갱신시 한도	공통사항
상가	9% (갱신요구권행사시포함)	전임대차와 동일금액	임대차계약 또는 차임의 증액이 있은 후 1년이 지나면 다시 증액가능
주택	5%	전임대차와 동일금액	

※ 특이사항

　　상가건물임대차보호법 적용범위를 초과하는 보증금 임대차의 경우
　　계약갱신시 조세, 공과금, 주변상가시세, 그밖의 경제사정등을 고려
　　하되 별도의 인상률 제한없음

꼭 알아야 할 필수 서류 및 부동산 용어

계 산

1. 상가의 경우

단위: (만원)(이하)

	상가임대차보호법이 적용되는 보증금범위 보증금 + (월세 x 100)
서울특별시	40000
과밀억제권역	30000
광역시(군지역제외) 안산시 · 용인시 · 김포시 · 광주시	24000
그밖의 지역	18000

<u>보증금 3000만원 / 월세 120만원인 경우(평택시)</u>

3000만원 + (120만원 x 100) = 15000만원

■ 평택시는 그밖의 지역이고 적용범위 보증금환산금내이므로 인상한도 적용대상

상가임대료 인상한도인 9%를 적용하면
<u>15000만원 + (15000만원 x 9%) = 16350만원이 한도입니다.</u>

(3) 보증금과 담보 설정에 관한 용어

① 전세권설정
전세권은 등기부등본의 을구에 기재되는 '물권'의 한 종류입니다. 임대인에게 전세금 및 임차보증금을 지급하고서 타인의 부동산을 그의 용

도에 따라 사용, 수익하는 권리로서 등기부 상에 권리가 보증되기 때문에 건물이 경매에 넘어가는 일이 발생하거나 건물주가 변경되는 일이 생기더라도 전세권은 별도의 요구 없이도 보증금을 변제 받으실 수 있습니다.

반면에 상가임대차보호법 상의 임차인은 '채권'으로 취급됩니다. 따라서 현재의 임대인 또는 매매로 인해 권리를 넘겨받는 새 매수인에게만 권리를 요구하실 수 있습니다. 그리고 건물이 경매에 넘어가는 일이 발생할 경우 반드시 배당요구를 하셔야만 배당을 받으실 수 있습니다.

그리고 상가임대차 계약 시 확정일자를 받아놓는다면 보장받을 수 있는 보증금액은 선순위 근저당 또는 선순위 임차인들의 보증금을 제외하고 순서대로 받아보실 수 있습니다.

사실 이 부분은 좀 이해하기 어려우실 수도 있습니다. 그러나 너무 걱정하지 않으셔도 됩니다. 임대보증금에 대한 담보설정 업무는 법무사가 친절하게 대행해주기 때문에 저희는 임대차계약서와 임대인 정보만 잘 전달해 주면 됩니다.

② 근저당설정

근저당이란 쉽게 말해 계약에 대한 보증금을 부동산을 통해 담보하는 저당권이라고 할 수 있습니다. 그 근저당 금액을 정하는 것이 근저당설정입니다. 만약 채무자(돈을 빌린 사람)가 채무(빌린 돈)를 상환하지 않는다면 채권자(돈을 빌려준 사람)가 채권(빌려준 돈)을 담보로 갖게 된 부동산을 매각하거나 처리하는 방식으로 변제를 받을 수 있습니다.

은행 등 금융기관은 근저당을 설정하고 융자를 해주는 것은 다들 알고 계실 겁니다. 사실 근저당설정은 금융권이 주로 하는 일이지만, 임차로 임대계약을 체결한 법인회사에서도 임대인을 상대로 보증금에 대해서 근저당권 설정을 요구합니다.

(법인업체는 보증금에 대한 채권확보가 되지 않으면 매장개설을 할 수 없습니다)

꼭 알아야 할 필수 서류 및 부동산 용어

③ 질권설정

조금 어려운 용어인데 질권부터 설명드리겠습니다. 질권은 저당권과 같은 담보물의 역할을 하는 것으로서 만약 채무를 계약된 기간 내에 갚지 않을 시, 임대인이 질권에 계약된 물건을 통해서 대신 변제를 받을 수 있습니다.

질권설정은 쉽게 말해서, 이 질권으로 설정된 물건을 임대인이 함부로 쓰지 못하게 하는 것을 말합니다. 보통은 보증금이 그 물건인데요. 보증금이 입금된 은행의 장이 날인한 질권설정 확인서를 통해서 임대인이 보증금을 지급한 임차인의 동의 없이는 보증금을 임의대로 사용할 수 없다는 내용이 질권설정이라고 보시면 될 것 같습니다.

자세한 내용은 법률사전을 참조하시면 알 수 있습니다.

사실, 법인 업체에서는 질권설정을 해놓는 것이 가장 쉽고 안전하기는 합니다. 그러나 대부분의 임대인들은 보증금을 은행에 묵혀 두기를 꺼려하는 편입니다. 그래서 질권설정은 엄청 돈이 많은 분을 제외하고는 쉽지 않습니다.

④ 임차권등기

임차권등기는 나이가 지극히 드신 건물주 분들이 선호하는 채권제공의 방법입니다. 사실 채권은 전세권설정이나 근저당설정, 아니면 질권설정으로 보증금에 대한 담보설정을 해놓는 게 가장 좋습니다. 그러나 임대인이 이를 동의해주지 않을 때 하는 것이 임차권등기입니다.

임차권등기는 임대계약이 종료된 후에도 임차인이 보증금을 돌려받지 못했을 때 변제권을 유지해주는 권한을 의미합니다. 즉 임차권 등기가 되어 있을 경우, 보증금을 받지 못한 상태에서 임차인이 이사를 가더라도 보증금을 받을 수 있는 권한이 상실되지 않고 그대로 있게 됩니다.

임차권등기는 임차주택 소재지 관할 법원에서 임차인 단독으로 신청할 수 있습니다.

(이를 임차권등기명령이라고 합니다)

⑤ 보증보험증권

임대보증금에 대한 담보설정이 도저히 안 된다면 마지막으로 취할 수 있는 방법이 보증보험 증권을 발급받는 것입니다. 보증보험이란 보증보험회사가 보험료를 받고 계약상의 채무이행 또는 법상의 의무이행을 보증해주는 특수한 형태의 보험입니다.

보증보험의 종류는 많지만, 우리 같은 임대인에게 지급된 임대보증금에 대한 내용으로는 이행보증보험(각종 계약의 이행에 필요한 보증)을 가입하게 됩니다. 보증보험은 다른 담보설정 방법에 비해 업무가 복잡하지는 않지만, 안정적인 담보설정 방법은 아닙니다. 문제발생 시, 보증금을 전액 회수하지 못할 수도 있고, 회수하는 데도 많은 시간이 필요합니다.

⑥ 급부

채권에 쓰이는 용어로서 채권의 내용이 되는 채무자의 특정한 행위를 말하는 법률 용어입니다. 예를 들어 아르바이트로 주차 알바를 한다고 했을 경우, 보통은 한 달 뒤 돈을 받을 목적을 갖고 계약을 한 후, 상대를 믿고 주차를 해줍니다. 이런 행위가 바로 급부입니다

⑦ 물권 vs 채권

물권과 채권은 비슷해 보이지만 각각의 권리를 행사할 때에는 엄청난 차이가 있다는 사실을 숙지해야 합니다.

물권은 금전 또는 재화의 가치를 상대에게 빌려주고 목적물(부동산)을 담보로 제공해줄 것에 대한 요식행위(일정한 방식을 필요로 하는 법률 행위)라고 할 수 있습니다.

이때 물권은 등기부등본에 순위를 정하여 등록이 됩니다. 등기부등본의 순위는 나중에 채무지급 불이행이 이루어졌을 때 경매진행을 통하

여 우선적으로 배당 받을 수 있는 순서가 됩니다.

물권은 저당권, 지상권, 전세권, 지역권 등이 있습니다. 항상 우선하는 절대권을 가진 권리들입니다

예를 들어 등기부등본상 건물의 가치가 10억 원인 물권에 등기부등본 1순위는10억 원을 설정(근저당 또는 전세권)하였고, 2순위는 20억 원을 설정하였을 경우 물권은 등기부등본상의 순서에 따른 순위배당이 이뤄지게 됩니다. 우선 절대적 권리자인 1순위 설정자가 설정한 금액 10억 원을 먼저 찾아가고, 그 나머지 금액을 2순위자가 찾아갑니다. 그런데 이미 물건의 가치 10억 원을 1순위자가 모두 가지고 간 상태이므로 2순위자의 20억 원은 한 푼도 받지 못하는 상태가 돼버리는 것입니다

물권과 채권의 차이는 물권은 순위에 따른 배당이며 등기부등본상에 반드시 등록을 하여야 하는 권리라는 것입니다.

채권은 물권과 비슷하나 등기부상에 등록하지 않는 것이 차이가 있습니다. 등기부상에 등록을 하지 않으므로 당연히 목적물도 없습니다. 차용증, 현금보관증, 지불각서 등이 대표적인 채권들이라 할 수 있겠습니다.

채권은 지정한 목적물도 없고 등기부등본상의 요식행위도 없기 때문에 순위가 정해질 수 없습니다. 예를 들어 10억 원의 가치가 있는 건물에 채권자 3명이 각각 5억 원, 2억 원, 5억 원의 채권이 존재한다면 모두 균등하게 같은 비율로 나누어 갖게 되는 것이 채권입니다.

즉 물권과 채권의 차이는 등기부등본상의 목적물에 대하여 순위가 있느냐, 없느냐입니다. 배당 순위가 처분되는 물건의 가치 금액 안에 있다면, 물권은 확실히 법으로 보호 받을수 있는 수단이 되기 때문에 절대권이라고 합니다.

채권은 처분되는 물건의 가치가 충분하다고 해도 얼마든지 더 많은 채권자가 존재할 수 있기 때문에 얼마를 보상 받을지 모르는 것이며 압류를 통한 경매절차를 진행하여야만 얼마를 보상받을지 알게 됩니다. 또한 보상을 모든 채권자가 균등한 비율로 나누게 되므로 상대권이라고

부르는 것입니다.

하지만 예외의 법이 있는데 '부동산임대차계약법'입니다. 이 법은 국가에서 국민의 주거안정을 위한 공익에 의거하여 채권을 물권화한 법입니다. 따라서 이 법에 따라 전입신고와 확정일자를 받는 요식행위만으로 등기부등본상에 채권이 물권화 되어서 우선적으로 금액을 보호 받을 수 있게 됩니다.

⑧ 전세권 vs 확정일자

임차권등기로 임대를 했을 경우, 임차인을 보호하기 위한 특별법을 알아두시면 만약의 사태(건물이 경매로 넘어가는)에 대비할 수 있습니다. 그것이 바로 대항력과 확정일자인데요.

대항력과 확정일자를 받으면 임차권이 물권화됩니다. 즉 채권이 물권으로 바뀌는 것이죠. 이를 통해서 후순위에 있는 물권과 채권보다도 우선적으로 변제 받을 수 있게 됩니다.

그렇다면 확정일자보다 비용도 많이 들고 주인의 동의도 필요한 전세권설정을 굳이 할 필요가 없지 않느냐? 라고 생각할 수 있으실 겁니다. 그러나 이사는 갔지만 전입신고를 하지 못하는 상황이거나, 계약기간 중에 주소를 이전한다거나 하면 대항력과 확정일자는 효력을 상실하게 되므로 전세권설정이 필요할 때가 있습니다.

전세권설정의 단점으로는 비싼 비용(보증금이 1억일 경우 등록세, 교육세 약 25만 원 + 수수료)외에 임대인의 동의 및 임차인의 전대가능, 계약기간 만료 시 등기말소비용, 건물이 경매로 넘어가면 토지를 제외한 건물의 가격까지만 배당 받을 수 있다는 점 등이 있습니다.

반면에 확정일자의 단점은 보증금을 반환 받지 못하고 이사를 갈 경우, 임차권등기를 해야 한다는 점과 경매진행을 바로 할 수 없고 보증금 반환청구소송부터 진행해야 한다는 번거로운 점이 있다는 것입니다.

일반적으로, 시세의 65~70%이상 저당권과 선순위채권(확정일자)

이 있는 주택 또는 상가에 임대차 계약을 할 경우에는 경매가 진행되면 전세권설정이든 확정일자든 보증금을 거의 회수 못하는 것은 비슷합니다.

효력의 발생은 전세권설정은 등기 시, 확정일자는 접수당일, 전입신고는 익일 0시(다음 날)부터입니다. 문제는 우선변제의 효력(이사 + 전입신고+확정일자)은 모든 조건을 충족해야 발생한다는 점입니다. 오늘 확정일자를 받는다면 확정일자의 효력은 발생할지 몰라도 우선변제의 효력은 발생하지 않습니다. 전입신고의 효력은 다음 날부터 발생하기 때문입니다.

최악의 경우, 오전에 계약할 때 등기부가 깨끗했는데 다음 날 등기부를 보니까 근저당권이 설정되어 있는 경우도 있습니다.

만약에 5억짜리 상가에 3억5천만 원짜리 임대차계약을 하고 근저당 3억5천을 받아서(총7억 원) 임대인이 사라진다면? 경매 시 경매비용을 빼고 은행이 3억5천을 받아가고 나면 남는 돈은 1억5천만 받게 됩니다. 정말 나쁜 임대인이죠~ 그러나 이런 나쁜 임대인보다는 아직까지는 이런 면에서는 정직한 임대인이 더 많은 것 같습니다.

저희 회사는 이렇기 때문에 감정평가 기준 64%(경매진행시 2회 유찰 기준)를 기준으로 담보설정을 진행합니다. 그렇기 때문에 담당자가 임대보증금에 대한 담보설정을 진행할 때, 건물주와의 마찰이 생기기도 합니다. 사전에 안전하게 진행하는 취지에서 본다면 옳다고 생각합니다.

⑨ 가등기

가등기에는 소유권이전청구권(매매계약)가등기와 담보가등기가 있습니다. 가등기는 앞으로 일어날 본등기에 대비해서 그 중간에 일어날 수도 있는 행위(가압류, 압류 등등)에 대해서 순위 보전을 위해 행하는 예비적 성격의 등기입니다. 가등기 후에 본등기를 할 때, 물권 본등기의 순위는 가등기 시점으로 소급됩니다.

만약, 가등기 후에 처분행위가 있었다면 본등기의 권리에 저촉되므로 모두 실효(효력을 잃게 된다는 의미)되거나 후순위가 됩니다. 청구권 보존 가등기는 매매과정에서 발생할 수 있는 가등기로 본등기 시 가등기 시점으로 순위확보적 효력을 가지게 되는데 가등기 자체로는 물권변동의 효력이 없고 본등기 시에 효력이 발생합니다.

담보가등기는 채권의 보전을 목적으로 하는 가등기를 말합니다. 일종의 저당권과 비슷한 성격입니다. 담보권에 준하는 효력을 갖고 있습니다. 일반적으로 가등기는 그 절차가 간단해서 부동산 거래 시에 의외로 많이 활용되고 있습니다

⑩ 깔세

매장을 임대할 때, 임대 기간만큼의 금액을 한꺼번에 지불하는 월세를 속되게 이르는 말입니다. 쉽게 말해 임대차 계약을 할 때 보증금 없이, 선불로 얼마를 미리 선납하고 계약하는 것입니다. 임대차계약이 만료되어, 임대인이 공실을 놓아둘 수 없을 때 한시적으로 깔세를 운영하기도 합니다. 또 임차인이 권리금을 받기 위해 임대차 잔여기간 동안에 임대인의 동의를 얻어 깔세를 운영하는 경우도 있습니다. (이 때의 계약은 전대-임차인이 또 다른 임차인에게 그 매장을 계약기간 동안 일정부분 사용할 수 있도록 하는 형태- 또는 전전대-추후 설명하겠습니다-로 운영이 됩니다)

깔세만 전문적으로 소개하는 전문 브로커들이 부동산 현장에 꽤 많이 있습니다. 보증금이 없이 월세만 선지불되기 때문에 보통의 임차료 수준보다는 가격이 높은 편입니다. 대부분의 깔세 매장의 취급품목은 의류, 스포츠용품, 화장품, 생활용품 등으로 저렴하게 구매하고자 하는 소비자를 겨냥한 저가 마케팅으로 운영되고 있습니다.

참고로, 깔세 매장은 정식적인 임대차계약서를 체결하지 않은 상태에서 영업이 되기 때문에 사업자등록증 발급이 안됩니다. 그리고 세금계산서 발행도 할 수 없습니다. 카드결제 신청도 할 수 없습니다. 다만, 카드

결제 요청 고객들이 많다면 신용카드 임대업체를 통해 별도 협의를 거쳐야 합니다.

⑪ 선세

선세란 말 그대로 월세를 미리 내놓고 매장을 사용하는 것을 말합니다. 예를 들어 1년만 매장을 쓰겠다고 하면 보증금은 최소로 하고 사용기간 동안의 월 임차료를 미리 받는 것을 말합니다.

(월세 × 12개월 = 선세)

선세로 통신매장을 임차하는 경우는 흔하지 않지만, 경기도 이천의 청강문화산업대 주변 상가는 선세 또는 년세로 임차를 대부분 하게 되었습니다. 지금은 그곳에도 프랜차이즈 업체가 대부분 진출을 해서 선세는 많이 사라진 상태입니다.

⑫ 전대

임대차 계약을 한 상태에서 임차인이 또 다른 임차인과 계약을 하는 것을 말합니다. 임대인 입장에서는 달갑지 않은 계약입니다. 왜냐구요? 자기 건물에서 월세 100만 원에 의류매장을 하기로 A임차인과 정식 계약을 했는데, A임차인은 다른 B임차인과 임대인의 사전 승락 없이 월세 150만 원에 계약을 했다면 중간의 A임차인은 가만히 앉아서 50만 원의 이익이 발생하기 때문입니다. 사실 임대인이 받아야 할 수익을 A임차인이 가로 채간다고도 생각을 할 수 있는 부분이라서 임대인은 이런 계약을 꺼릴 수밖에 없습니다.

하지만 대부분의 프랜차이즈 업체는(통신매장 포함) 직영매장 개설 시 별도의 위탁계약을 통해 매장을 운영하는 형태로 개설을 하고 있습니다. 때문에 위탁운영 또한 임대인 측 입장에서는 전대로 인정을 하기 때문에 항상 계약문구에 삽입을 하거나 사전에 협의를 해야 합니다.

이 부분이 계약할 때 상당히 쉽지 않습니다. 특히 연세가 지극히 드신 임대인 분들 중에는 이해하지도 않으시고 이해하려고도 하지 않으시는 분들이 많습니다.

제가 사용하는 방법은 그럴 때, 계약서에 '통신매장 또는 커피운영점에 한정하여 전대가능'이라고 제한을 하여 임대인들을 설득시키는 것입니다. 그러면 대부분 용인을 해주는 것을 보게 됩니다.

⑬ 전전대

위에서 설명드린 전대에 전이라는 글자가 하나 더 들어간 계약입니다. 지금 생각하고 계신 것이 맞습니다. 전차인이 또 전차를 놓은 겁니다. 이건 법적으로 굉장히 애매하기 때문에 전전차인은 법적으로 어떠한 보호도 받을 수 없습니다. 물론 전전대가 임차 계약서 상에 기입이 되어 있다면 큰 문제는 없을 수도 있습니다. 사실 전전대는 임대인의 동의 없이는 불가능합니다. 임대차는 보호를 받을 수 있지만 임차인의 전전대의 경우는 반드시 보장하지는 않습니다. 계약서상에 전전대에 관한 사항이 포함되어 있지 않다면 임대인은 전전대의 해지를 요구 할 수 있을 것이고 전전대를 이유로 임차인과의 계약해지를 통보할 수도 있을 것입니다. 이런 계약은 하지도 않으시겠지만, 해서도 큰 이득 없고 피곤하기만 한 계약입니다.

⑭ 제소전 화해조서

앞에서 설명 드렸다시피, 계약을 체결한 당사자 사이에 추후 계약 위반이 발생할 경우 번거로운 소송 절차를 거치지 않고 바로 강제집행을 할 수 있도록 하는 제도입니다.

임대인에게 굉장히 유리한 제도로서 되도록이면 제소전 화해조서가 있는 매장은 아주 좋은 매장이 아니라면 입점 진행은 지양하는 게 좋을 것 같습니다. 그러나 꼭 매장 개설이 되어야 한다면 회사의 법무팀 또는 법을 잘 아시는 분과 사전 협의 및 검토를 하신 후 진행하시기 바랍니다.

⑮ 상가임대차보호법

상가임대차 보호법에 대해 많이 들어는 보셨지만 막상 현장 실무에서 적용하기는 쉽지 않으신 분들이 많았을 것이라 생각됩니다. 먼저 상가임대차보호법은 건물주가 무리하게 임대료 또는 보증금을 올려달라고 하여 영세상인들이 곤란을 겪게 되는 것을 막기 위해 2002년 11월부터 시행되었습니다.

그 내용을 간단히 살펴보면 상가의 임대료와 보증금을 올려 받을 때 기존 금액의 9%를 초과할 수 없고, 증액이 있은 이후 1년 이내에는 다시 증액할 수 없으며, 일정금액 이상의 상가임대 보증금은 다른 채권보다 우선하여 돌려받을 수 있다는 것이 주된 내용입니다. 이러한 내용을 골자로 한 상가임대차 보호법이 2014년 1월1일부터 개정되었습니다. 그럼 개정안에 대해서 간단히 알아보겠습니다.

– 상가임대차보호법의 적용이 되는 대상의 보증금액

지역에 따른 보증금액에 들어와야 상가임대차보호법에 적용이 됩니다.

상가임대차보호법	개정 전	개정 후
서울	3억	4억
수도권과밀억제	2억5,000만	3억
광역시 등	1억8,000만	2억4,000만
그 밖의 지역	1억5,000만	1억8,000만

– 상가임대차보호법 보호대상 임차인 및 우선변제대상 보증금 범위 (최우선변제금)

상가임대차보호법	개정 전		개정 후	
	보호대상 임차인범위	우선변제대상 보증금 범위	보호대상 임차인범위	우선변제대상 보증금 범위
서울	5,000만	1,500만	6,500만	2,200만
수도권과밀억제	4,500만	1,350만	5,500만	1,900만
광역시 등	3,000만	900만	3,800만	1,300만
그 밖의 지역	2,500만	750만	3,000만	1,0000만

– 상가임대차보호법 보증금의 월세 전환율의 상한

상가임대차보호법	개정 전	개정 후
	전환율이 연 15%를 초과하지 못하도록 규정	연 12%와 한국은행공시기준금리 (현행2.5%)에 4.5배수를 곱한 비율 (11.25%)중 낮은 비율 초과 금지

(4) 권리양수도 계약서

① 권리양수도 계약서란?

인수하고자 하는 매장에서 영업을 하고 있던 기존 임차인이 권리금(시설권리금, 영업권리금, 바닥권리금)을 요구할 때 새로운 임차인이 매장의 영업력을 판단해서 권리금을 지급하는 것을 골자로 하여 문서로 작성하는 것을 권리양도양수도 계약서라고 합니다. 권리양도양수 계약서 작성 시에는 철거에 대한 부분을 명확히 기재하는 것이 필요합니다.

② 작성법

권리양수도 계약은 임대차계약과 동시에 하는 경우도 있고 추후 임대인과 날짜를 정해서 임대차 계약을 하는 경우도 있습니다.

사실 현임차인과 권리양도 양수계약을 하고 동시에 임대차계약을 하는 게 가장 좋습니다. 만약에 어쩔 수 없는 사정으로 인해 추후에 임대차계약을 진행하게 됐을 때는 계약체결이 안 되는 경우가 발생할 수도 있기 때문입니다. 그럴 때를 대비해서 '계약체결이 안 된 경우 계약금을 반환한다' 이런 특약사항을 기재해주시면 좋습니다.

만약 부동산 중개업소를 통하지 않고, 직거래를 하게 됐을 경우 - 사실, 부동산 관련 계약은 부동산을 끼고 하심이 안전합니다. - 대법원사이트에 가서 등기를 열람하고 등기상의 소유주 및 권리관계를 확인해보시는 게 좋습니다.

그 외에도 공인중개사의 중개 없이 직접 계약을 하게 될 경우 다음 사항을 필히 확인하셔야 합니다.

1 - 등기부등본확인: 대법원인터넷등기소 사이트에서 보실 수 있습니다. 정확한 주소지를 알고 계시기만 하면 됩니다.

2 - 신분증 확인: 등기부상의 소유자와 임대인(매도인)이 일치하는지 신분증 확인을 합니다.

(국번 없이 1382로 전화하시면 주민등록증 위조여부를 확인하실 수 있습니다)

3 - 확인절차: 계약금을 만약 현금으로 지불하실 경우, 필히 영수증을 받아야 합니다. 또한 구좌로 입금할 경우에는 등기부상의 소유자와 일치하는 구좌로 입금을 하는 게 가장 좋습니다.

직거래 시에 필요한 것들에 대하여 다 설명드렸긴 하지만 사실 공인중개사 사무소에서 수수료를 지불하고 계약을 하시는 게 좋습니다. 제가 말씀드린 이런 절차들을 공인중개사가 다 처리해주기 때문입니다. 또한 직거래를 하실 경우, 계약을 잘못 하거나 필수 확인사항을 잘 확인하지 못하여 피해가 발생했을 때 고스란히 피해를 뒤집어 써야 합니다. 그러나 공인중개사를 통해 계약을 할 경우에는 중개사의 실수로 계약이 잘못되거나 계약 상에 오류가 발생했을 경우, 배상을 받을 수 있습니다. 공제보험

에 가입되어 있기 때문입니다. 여러 모로 직접 처리하는 것보다는 공인중
개사를 통하는 것이 좋습니다.

권리(시설) 양수·양도 계약서

본 부동산 권리에 대하여 양도인과 양수인은 다음과 같이 합의하고 부동산 권리 양수·양도계약을 체결한다.

1. 부동산의 표시

소 재 지			
상 호		면 적	
업 종		허가(신고)번호	

2. 계약내용

제 1 조 [목적] 위 부동산에 대하여 권리양도인과 양수인은 합의에 의하여 다음과 같이 권리양수도 계약을 체결한다.

총권리금	金	원정(₩)
계 약 금	金	원정은 계약시에 지불하고 영수함.
중 도 금	金	원정은 년 월 일에 지불하며,
잔 금	金	원정은 년 월 일에 지불하며,
양도일자 (시설명도)		원정은 년 월 일에 지불한다.

제 2 조 [권리금의 양도] 양도인은 위 부동산의 권리 행사를 할 수 있는 상태로 하여 잔대금지급과 동시에 양수인에게 인도하며, 양도인은 임차권의 권리를 완전하게 행사할 수 있도록 하고, 잔금수령과 동시에 양도인은 현재 영업 할 수 있는 모든 시설 및 권리행사를 즉각 인도하여 주어야 한다. 다만, 양도인 관련된 일체의 의무사항은 그러하지 아니한다.

제 3 조 [수인 및 소유자 승낙] 위 부동산에 발생한 수인의 취소와 소유권으로 인한 부동산 위 부동산의 원상회복 기준으로 하여 그 이전까지는 양도인이 그 이후로 보른 양수인에게 반환 귀속한다. 단, 기본계약 납부의무 및 납부할일은 기본계약의 귀속한다.

제 4 조 [계약의 해제] ① 양수인이 중도금(중도금약정이 없을 때는 잔금)을 지불하기 전까지 양도인은 계약금의 배액을 배상하고, 양수인은 계약금을 포기하고 본 계약을 해제할 수 있다. ② 양도인 또는 양수인이 본 계약상의 내용에 대하여 불이행이 있을 때 그 상대방은 불이행한 자에 대하여 서면으로 최고하고 계약을 해제할 수 있다. 그리고 그 계약당사자는 계약해제에 따른 위약금을 상대방에게 청구할 수 있으며, 계약금을 위약금으로 간주한다. ③ 양도인은 잔금지급일 전까지 소유자와 매매의 ' 임대차 계약내용 (소유권이 이주에 따라 변동될 수 있으므로)을 기준으로 소유자와 양수인간의 임대차계약이 체결되도록 노력하며, 임대차계약의 연장여부는 임대인이 임차인이 무단이나 연장의사 표현 없을 경우 본계약을 수도 계약은 취소되고, 양도인의 수령한 계약금 및 중도금을 양수인에게 즉시 상환한다.

제 5 조 [중개수수료] 중개업자는 계약 당사자간 채무불이행에 대하여 책임을 지지 않는다. 또한, 중개수수료는 본 계약의 체결과 동시에 양도인과 양수인은 각각의 중개수수료를 지불하며, 중개업자의 고의나 과실없이 계약당사자간의 사정으로 본 계약이 해제되어도 중개수수료를 지급한다. 단, 본 계약 제4조금의 사유로 인하여 계약이 해제되는 경우도 중개수수료를 지급하여야 아니한다.

3. 양도양수할 부동산 권리의 임대차 계약내용

소 유 자 (임대인)	성 명			연락처		
	주 소					
임 대 차 관 계	임차보증금	金 원(₩)		월차임	金 원(₩)	
	계약기간	년 월 일무터		년 월	일까지 (月分)	

특약사항:

본 계약을 증명하기 위하여 계약당사자가 이의 없음을 확인하고 각자 서명·날인하다.

양 도 인	주 소						인
	주민등록번호		전화		성명		
양 수 인	주 소						인
	주민등록번호		전화		성명		
중개업자	사무소소재지						
	등록번호			사무소명칭			인
	전화번호			대표자성명			
	사무소소재지						
	등록번호			사무소명칭			인
	전화번호			대표자성명			

③ 권리양수도 계약서 작성 시 알아야 할 문구

1 - 원천징수: 소득금액 또는 수입금액을 지급할 때, 그 금액을 지급받는 자가 부담할 세액을 미리 국가에 납부하는 것을 의미합니다. 쉽게 풀어 설명을 드리면 1억 원을 권리금으로 임차인(양도인)에게 입금한다고 했을 때, 임차인(양도인)이 수입으로 얻게 될 1억 원에서 세금을 미리 제한 금액을 임차인(양도인)에게 입금하는 것이라고 생각하시면 됩니다. 임차인(양도인)이 1억 원을 받고 소득신고를 안 할 위험(세금 탈루의 위험성)을 줄이기 위해 국가가 만든 법입니다.

점포를 양도, 양수할 때, 양도자가 법인이거나 양수자가 법인이거나 둘 다 법인인 경우가 있는데 법인과의 계약을 하게 될 경우 법인은 권리금 지출에 대한 회계처리를 할 수밖에 없습니다. 권리금에 대한 세금처리는 크게 두 가지가 있는데 하나는 부가가치세이고 다른 하나는 원천세(원천징수)입니다.

예를 들어 권리금이 1억이라고 하면 대개 부가세(VAT)는 별도입니다. 따라서 매수자 쪽에서는 일억 천만 원을 양도자에게 입금하면 1억 원에 대한 세금계산서를 발행합니다. 이 부분은 잘 알고 계실 것입니다. 그 다음에 원천세를 미리 제한 금액을 임차인(양도인)에게 입금해주게 됩니다. 어차피 임차인(양도인)이 소득신고를 하며 내야 할 소득세를 미리 원천징수한다는 의미의 세인 것이죠. 말씀드렸듯이 탈루의 위험성을 줄이기 위해 국가가 정한 법입니다.

때문에 이 내용을 모르고 있다면 굉장히 오해를 살 수가 있습니다. 돈을 덜 입금해주는 것으로 보일 수 있기 때문입니다. 통상적으로 개인간 거래에서 권리금은 세금신고 없이 암암리에 거래되고 있는 실정입니다. 그러나 양도인은 개인이고 양수인이 대기업 법인인 경우(통신업체, 편의점, 화장품업체, 식음료 등등) 대부분 원천세를 끊습니다.(참고로 법인간 거래에서는 원천세의 의미가 없습니다)

그렇다면 원천세 계산은 어떻게 할까요? 권리금이 1억이면 국세청에서는 이중 일부분만 소득으로 인정이 됩니다. 1억에서 80%, 즉 8,000만 원은 필요경비로 제외되고 1억에서 20%, 즉, 2,000만 원이 소득으로 인정 되는 것이지요. 기타소득으로 분류되는 권리금의 경우 세율이 20%이기 때문에 총 1억 중 소득으로 인정되는 2,000만 원에 대한 20% 즉, 400만 원이 세액이 되는데, 여기에 지방세(주민세) 2%를 추가하면 440만 원이 되는 것입니다.

만약, 1억의 권리금으로 계약을 쓴다면 대개 양수자 법인 쪽에서는 원천세를 떼고 입금할 것입니다.

즉, 1억 + 1,000만 원(부가세) − 440(원천세) = 1억560만 원을 입금하는 것이 기본 구조입니다.

정리하면, 양수인(새로운 임차인)이 양도인(기존 임차인)에게 권리 금을 지급할 시 22% 원천징수(권리금에서 80% 경비를 제외한 금액에서 22%이기에 결국 권리금 총액에서 4.4%와 동일함)하여 차감 후 지급하고, 양수인(새로운 임차인)은 4.4%를 세무서에 납부하게 됩니다.

종합소득세 신고 시 4.4%에 상응하는 금액을 미리 낸 세금으로 보아 납부할 금액에서 공제 받게 됩니다. 이 내용은 굉장히 중요합니다. 꼭 숙지하시고 현장 실무에서 활용하시기 바랍니다. 법인을 전문적으로 상대하는 기업형 컨설팅업체를 제외한 대부분의 로컬부동산은 권리금에 대한 원천징수세를 이해하지 못하고 있으며, 심지어 들어보지도 못한 곳도 상당히 많습니다.

(5) 준비서류 용어

① 사업자등록증

사업을 개시하려면 개시사실을 관할세무서에 신고해야 합니다. 이 때 사업자등록을 의무적으로 해야 하며 관할세무서는 특별한 불가사항이 없다면 사업자등록증을 교부해줍니다. 이때 받은 사업자등록증에는 사업자등록번호가 표시되어 있는데 이 등록번호는 해당업체를 표시하는 고유번호라고 할 수 있습니다. 이 번호를 상거래 시에 주고받는 영수증 등에 반드시 기재해야 하며 사업자등록증은 사업장에 비치되어 있어야 합니다. 말하자면 사업자등록증은 개인이 가지고 있는 주민등록증과도 같다고 할 수 있습니다

사업자등록신청(개인사업자) 시 필요 서류는 사업자등록신청서 1부, 임대차계약서 사본(사업장을 임차한 경우에만), 허가증(등록, 신고) 사본(해당되는 사업자에 한함), 등등입니다. 허가 전에 사업등록을 먼저 한다면 허가(등록) 신청서 사본 또는 사업계획서가 필요합니다.

② 휴게음식점 영업허가

통신매장에서는 필요하지 않지만, 커피 같은 음식을 조리하기 위한 시설이 필요한 컨버전스 매장에는 휴게음식점 영업허가가 필요합니다. 따라서 담당하고 계시는 대리점 사장님이 매장에서 핸드폰과 커피를 함께 판매하고 싶다고 하신다면 이 내용을 잘 설명해 주시면 능력자로 인정받을 수도 있습니다.

먼저, 휴게 음식업도 식품접객업의 한 영업형태라 할 수 있습니다. 따라서 식품접객업의 시설기준을 갖춘 상태라야 허가를 받을 수 있습니다.

식품접객업의 시설 기준에는 '조리장'이라는 것이 있습니다. 말 그대로 음식을 다루는 곳으로서 음식을 위생적으로 조리하기 위해 필요한 조리시설, 세척시설, 폐기물용기 및 손 씻는 시설을 각각 설치해야 조리장 시설의 기준을 맞출 수 있습니다.

③ 위법 건축물 존재 여부 확인

참고로 말씀드리는 사항인데 상가 건물에 위법 건축물이 있을 경우, 신규 영업허가가 불가능합니다. 반드시 위법 건축물을 철거해야 합니

다. 예를 들어 건물 한쪽에 가건물이나 창고 등이 불법으로 설치되어 있을 때가 있습니다. 건축물대장에서 확인하는 법을 설명 드렸으니 건축물대장을 꼭 확인하시기 바랍니다.

만약, 위법 건축물로 인해 휴게음식점 허가가 나오지 않은 상태에서 영업을 한다면, 누군가 무허가 영업행위로 관할구청 및 세무서에 신고할 수 있습니다. 그러면 큰 낭패를 겪게 됩니다. 다시 한 번 꼼꼼하게 확인하시기 바랍니다. 이런 문제가 빈번하게 발생하고 있기 때문에 간과해서는 안됩니다.

④ 담배소매인 지정서 (구내 · 일반)

담배소매인 지정서란 담배사업법에 준하는 정식 담배판매 업소의 지정을 허락한다는 지정서입니다. 담배소매인협회에서 현장실사를 통해 이상 유 · 무를 확인하여 관할지역 내 담당 공무원에게 통보하여 담배소매인 지정서를 발급하게 되어 있습니다.

통신매장에서도 특별한 문제가 없다면 담배를 판매할 수도 있습니다. 몇 곳의 판매점에서 담배를 판매하고 있는 것을 본 적이 있습니다. 그래서 혹시나 하는 마음에 간략하게 담배소매인 지정서 관련 규정 및 취득절차에 대해서 설명 드리겠습니다^^

　　1 – 담배사업법에 명시된 관련규정
　　　가. 담배사업법에 의거 거리제한 50미터(시골은 100미터, 보행자 거리를 기준으로 함)
　　　나. 담배소매인 지정신청공고제도에 공고
　　　다. 구청 홈페이지 또는 관보에 공고(7일간)
　　　라. 장애인, 국가 유공자에게 지정 우선권 부여
　　　마. 2명 이상일 경우 추첨
　　2 – 담배사업법에 의한 거리제한
　　　가. 거리는 보행자 거리임

나. 건물간 보행자거리는 지정을 요청하는 건물 벽을 기준으로 기존 판매업소의 벽간 거리

다. 왕복 4차선 이상도로는 거리 제한 없음

라. 단 횡단보도가 있으면 횡단보도기준 거리측정

마. 거리제한 예외규정

　　– 6층 이상 + 연면적 2,000제곱미터 이상인 경우

　　– 슈퍼, 편의점으로 영업장 면적 100제곱미터 이상(창고면적 은 제외)

생각보다 담배소매인지정서 취득하는 건 어렵습니다. 영업은 하고 있지 않지만 말소되지 않고 살아있는 곳도 있구요. 또 신규로 취득하기에 는 주변 영세 소매업자들의 반발도 만만치 않기 때문에 원칙이 철저하게 적용되고 있습니다. 꼼꼼하게 따져 보시면 좋을 것 같습니다.

⑤ 부동산 중개 수수료

매장개설 경험이 없는 초보자들을 노려서 부당이득을 취하려 하는 중개업소들이 현실적으로 존재한다는 걸 부정할 수는 없습니다. 그 때문 에 최근 부동산 중개업소에 대한 신뢰가 많이 떨어져서 정직한 중개업소 조차 곤란을 겪게 되기도 합니다. 그러나 모든 중개업소가 그런 것은 아닙 니다. 소수의 기획 부동산, 또는 기업형 컨설팅 업체의 과다한 수수료 요 구에 영향을 받은 것이 이런 신뢰도 저하의 큰 원인이라 할 수 있습니다. 따라서 중개업소의 생리를 잘 이해하고 접근한다면 좋은 물건을 좋은 가 격에 인수할 수 있는 기회는 얼마든지 존재합니다.

점포 또는 상가의 중개 수수료 요율은 지역에 따라 다소 차이가 있 지만 보통 0.3~0.9% 내에서 결정됩니다. (외국계 컨설팅 업체는 1% 이상 요구하기도 합니다)

이런 편차는 거래 금액 및 거래 종류에 따라 차이가 난다고 생각하 시면 됩니다.

매수자 입장에서 중요한 것은 중개업소의 노력을 보고 그를 평가하여 수수료를 책정하는 것입니다. 좀 더 중개를 해주려고 힘쓰고 진심을 다해준다면 좀 더 수수료 요율에 대해서 생각해 주는 게 보통입니다. 예를 들어 매수자의 입맛에 맞는 매장을 확보하기 위해 타 지역 매물까지 발벗고 나서 준다면 그 이상의 요율을 적용할 수 있겠죠? 또한 렌트프리를 얻어 주었다면 그 기간만큼은 월세를 절감하게 된 것이므로 역시 그에 대한 대가를 인정해줘야 합니다.

그러나 보유한 매물을 소개하는 것에 그친다면 수수료 요율대로 지급하면 됩니다.

상가 거래의 수수료율 계산 방법은 보증금 + (월세 × 100) × 수수료 요율입니다.

계약 기간은 넣지 않습니다. 그런데 계약 기간이 2년이라면 여기에 2년을 곱해 두 배의 수수료를 요구하는 업소도 왕왕 있습니다. 이런 부동산 중개업소가 있다면 깎아 달라고 할 것이 아니라 단호하게 대처해야 합니다. 수수료 과다 징수가 신고되면 영업정지 6개월 또는 등록취소, 1년 이하의 징역 또는 1천만 원 이하의 벌금에 처하기 때문입니다.

"시 · 군청 지적과에 신고 또는 시청에 민원을 넣겠다."라고 말씀하시면, 대부분 수수료율 조정은 가능할 것입니다. 법인업체가 매장을 임차할 경우에는 더더욱 높은 요율의 수수료를 요구하는 경우가 많으니, 이점 유의하시어 업무진행하시면 될 것 같습니다.

개인적으로 많은 매장개설을 하며 느낀 점이 있다면, 양심적이고 적극적인 부동산 중개업자를 만나는 것도 복이라는 것입니다. 그러나 부동산 중개업소가 우리를 도와주게 만드는 방법이 없는 것은 아닙니다. 중개업소는 거래가 성사되어야 수수료에 따른 수익이 발생하기 때문에 거래에 대한 확신을 주는 것이 중요합니다. 거래할 것을 확신시켜 준다면 부동산 중개업자는 알아서 일을 도와줄 것입니다.

신뢰할 수 있는 부동산을 만나면 이런 방법으로 내 편으로 만들어

 꼭 알아야 할 필수 서류 및 부동산 용어

야 합니다.

현장실무를 뛰며 깨달은 중요한 사실입니다. 중개업자가 우리 편이 되었을 경우, 중개업자들은 단순히 매장 소개를 하는 걸 떠나서 통신 매장에 적합한 상권 및 후보매장 발굴까지 적극적으로 뛰어줄 겁니다.

부록 – 참고할 만한 사이트

[공부서류 확인 온라인 발급처]

① 경기도 한국토지정보시스템(경기도)

http://klis.gg.go.kr/sis/main.do

경기도 지역 내의 물건 확인하기에는 괜찮습니다

들어가서서

'부동산 종합정보'를 클릭하시면

왼쪽 목차에서 토지이용계획, 개별공시지가 등등을 확인하실 수 있습니다.

건축물대장과 토지대장은 간략하게만 나오니 개별공시지가와 토지이용계획원만 확인하세요(무료)

② 한국토지정보시스템 (서울시)

http://klis.seoul.go.kr/sis/main.do

　– 토지이용계획원

　– 개별공시지가

마찬가지로 서울시 내에서 토지이용계획, 개별공시지가 등등을 확인하실 수 있습니다.

③ 국세청

건물가를 확인할 수 있습니다.

http://www.nts.go.kr/cal/cal_01_01.asp

④ 국토교통부 – 실거래가

주택 실거래 가격 확인 가능합니다.

http://rt.molit.go.kr/

⑤ 국토교통부 – 개별공시지가

부동산 개별공시지가 확인이 가능합니다.

http://www.kreic.org/realtyprice/gsindividual/siteLink.htm

⑥ 민원24

– 토지대장 (450원, 민원수수료 400원+부가수수료 50원)

– 토지이용계획확인원 (1,090원 / 부가수수료 포함)

– 건축물대장 (무료)

그외 민원서류 발급 가능

http://www.minwon.go.kr/

⑦ 인터넷 등기소(법원)

http://www.iros.go.kr/

⑧ 토지이용규제정보서비스

토지이용계획열람 가능

http://luris.molit.go.kr/web/index.jsp

⑨ 서울부동산정보(서울특별시)

서울시 실거래가 및 각종 부동산 정보 확인

http://land.seoul.go.kr/land/

찾아보기

한국어 찾아보기

로마자 찾아보기

저자 약력

- 건국대 부동산 대학원 글로벌 부동산학과 석사, 우수 논문상 수상
- 미국 알래스카 프린세스호텔 인턴십
- 미국 UC.Riverside ESL 과정수료
- 2004~2011 : (주)코리아세븐, 롯데그룹 근무
  - 세븐일레븐 매장운영, 가맹점 관리 및 신규매장 개설, 프렌차이즈 가맹상담 진행
- 2006~현재 : (주)PS&Marketing 근무(SK텔레콤 유통자회사)
  - SK텔레콤 본사 유통기획팀, 마케팅 Infra팀 근무
  - SK텔레콤 전략매장(ICT 매장 및 컨버젼스매장)구축, SK텔레콤 직,간접망 매장개설 지원 및 개설
  - 수도권지역 내 기존매장 재계약 및 건물주 관리
  - SK텔레콤 전략적 상권 관리

찾으면 보이는 매장 입지의 정석

-통신매장, 편의점 점포개발 담당자의 진솔한 경험담-

2016년 4월 14일 ㅣ 초판 인쇄
2016년 4월 20일 ㅣ 초판 발행

지은이 ㅣ 김득운
발행인 ㅣ 김은중
발행처 ㅣ 서울경제경영출판사
편집디자인 ㅣ (주)우일미디어디지텍

주소 ㅣ 03367 서울특별시 서대문구 신촌로 203 (대현동) 대현빌딩 6층
전화 ㅣ (02)313-2682
팩스 ㅣ (02)313-8860

등록 ㅣ 1998년 1월 22일 제5-63호

ISBN 978-89-97937-47-9 · 93320 · · · · 정가 15,000원